능력과 가치를
높이고 싶다면
된다!

된다!

뚝딱뚝딱
3일 완성!

메타버스
입문자를 위한

게더타운
완전 활용법

내 손으로 만드는 가상 교실, 사무실, 전시회까지

✔ 최신 업데이트 반영!
✔ 템플릿 파일 96개 제공
✔ 체험 공간 & 실습 영상 제공

윤진, 이현도 지음

이지스퍼블리싱

메타버스 입문자를 위한

된다! 게더타운 완전 활용법

내 손으로 만드는 가상 교실, 사무실, 전시회까지

초판 발행 • 2022년 5월 4일

지은이 • 윤진, 이현도
펴낸이 • 이지연
펴낸곳 • 이지스퍼블리싱(주)
출판사 등록번호 • 제313-2010-123호
주소 • 서울시 마포구 잔다리로 109 이지스빌딩 4층
대표전화 • 02-325-1722 | **팩스** • 02-326-1723
홈페이지 • www.easyspub.co.kr | **페이스북** • www.facebook.com/easyspub
Do it! 스터디룸 카페 • cafe.naver.com/doitstudyroom | **인스타그램** • instagram.com/easyspub_it

기획 및 책임편집 • 이희영 | **교정교열** • 안종군
표지 디자인 • 박세진 | **본문 디자인** • 트인글터 | **인쇄** • 보광문화사
마케팅 • 박정현, 한송이, 이나리 | **독자지원** • 오경신 | **영업 및 교재 문의** • 이주동, 김요한(support@easyspub.co.kr)

ISBN 979-11-6303-354-7 13000
가격 16,000원

"상상은 창조의 시작이다.
간절히 바라는 것을 상상하고,
상상한 것을 바라면
결국 바라던 것을 창조할 것이다."

"Imagination is the beginning of creation.
You imagine what you desire, you will what you imagine
and at last you create what you will."

- 조지 버나드 쇼

저자의 말

내 손으로 만드는 즐거움,
우리 게더타운에서 만나요!

이 책은 메타버스가 궁금한 사람, 메타버스 플랫폼인 '게더타운'을 현실과 이으려는 여러분을 위해 쓴 책입니다. 게더타운을 접해 본 적은 있지만, 공간을 다채롭게 꾸미고 활용하는 방법이 궁금한 분도 재미있는 경험을 할 거예요.

이 책을 읽다 보면 내 일상에선 보이지도, 잡히지도 않던 메타버스와 생각보다 가까이에서 함께 살아가고 있었다는 걸 알게 될 거예요. 제페토, 이프랜드, 로블록스, 호라이즌 등 다양한 메타버스 플랫폼이 있지만 그중에서도 게더타운은 수업, 협업, 이벤트 등을 위한 공간 구축으로 전 세계에서 많은 사랑을 받고 있죠. 한국에서도 기업, 관공서, 학교 등 게더타운을 활용한 사례들이 쏟아지고 있답니다.

게더타운(gather.town)이라는 이름처럼 모두가 이곳에서 함께 할 수 있도록 가장 기초 단계부터 차근차근 나아가는 방식으로 구성했습니다. 공간을 만들고 운영하는 법, 원하는 대로 공간을 꾸미는 법, 나아가 응용하는 법까지 모두 실습으로 익힐 수 있어요. 그것도 게더타운의 가장 최신 버전으로요.

현직 교사로 재직하면서 학생들과 게더타운으로 소통한 경험을 살려 모든 메뉴를 하나하나 설명하고 실습에서는 핵심 기능을 중점적으로 다뤘습니다. 실습에 필요한 파일까지 저희가 하나하나 준비해 두었답니다. 여러분은 어떤 공간을 만들고 싶은지만 상상하면 돼요. 그 공간을 쉽게 만들 수 있도록 저희가 돕겠습니다.

궁금한 내용이 있으면 언제든 유튜브 '음플릭스'를 찾아와 주세요. 기쁘게 AS를 해드릴 준비가 되어 있답니다. 아, 방문한 김에 재미있고 유익한 음악 수업 영상도 즐겁게 봐주세요. 모두가 게더타운에서 즐거운 시간을 보내길 바랍니다.

윤진, 이현도

'나도 크리에이터' 코너로
응용까지 확실하게 잡으세요!

게임하듯이 수업하는 가상 교실,
지구 반대편 동료와 일하는 사무실,
집에서 즐기는 루프탑 파티와 전시회 & 이벤트까지

이 모든 게 게더타운에서 가능하다!

"가상 교실에서 수업하고, 가상 사무실에서 일할 수 있다고?!"
메타버스 속 게더타운의 모든 것!

이 책은 메타버스가 뭔지 몰라도, 게더타운과 같은 서비스를 경험한 적이 없어도 마음 편히 볼 수 있는 친절한 게더타운 입문서입니다. 메타버스의 정의부터 게더타운 계정 생성, 공간 완성까지 게더타운의 모든 내용을 세세하게 담았으니까요. 이 책과 함께라면 게더타운에 첫발을 디딘 여러분도 쉽게 시작할 수 있을 거예요. 가상 교실에서 색다른 수업을 해보고 싶은 선생님, 비대면 근무 공간을 만들고 싶은 기업 관계자, 새로운 방식의 홍보를 기획 중인 마케터 모두 모이세요! 단 3일이면 상상만 하던 공간을 걷는 내 아바타를 만날 수 있습니다.

전 세계인이 모이는 메타버스 플랫폼, '게더타운'
2022년 최신 업데이트 완벽 적용!

게더타운은 전 세계에서 사용하는 대표적 메타버스 플랫폼입니다. 그만큼 꾸준히 업데이트되고 있죠. 이 책은 게더타운의 기본 기능을 꼼꼼하게 다룬 것은 물론이고 2022년 기준 최신 업데이트된 기능도 모두 담았습니다. 새 단장을 한 화면, 확장 기능, 새로운 오브젝트 등 최신 기능으로 무궁무진한 공간을 만들어 보세요.

"공간은 만드는 것보다 쓰는 게 더 중요해요!"
게더타운 교실을 운영하는 선생님이 직접 알려 주는 200% 공간 활용 노하우

빈방을 만들고 오브젝트로 꾸미고… 그런 다음에는 뭘 해야 하죠? 무작정 공간 만들기는 누구나 할 수 있어요. 하지만 진짜 중요한 건 공간을 어떻게 쓰느냐입니다. 이 책은 실제 수업에 게더타운을 활용한 선배님들의 노하우를 알려줍니다. 여기에 유튜브, 구글 문서, 패들렛 등 외부 사이트 또는 프로그램을 연동해 내 공간을 더욱 풍성하게 만드는 방법까지 알차게 담았어요.

'음플릭스' 채널의 게더타운 영상 모아 보기

실습으로 쌓고 응용으로 알차게 다지자!
내 손으로 직접 만들면서 배우는 체계적인 학습 구성

게더타운의 수많은 기능 중 활용도가 높은 것만 쏙쏙 골라 실습으로 구성했습니다. 처음부터 끝까지 모든 과정을 담아 모두가 완성할 수 있도록 도와 드립니다. 파일만 불러 오면 완성된 공간을 뚝딱 만드는 템플릿도 제공하고 있어요. 교실, 사무실, 내 방, 파티 룸, 전시회까지 나만의 공간을 무궁무진하게 꾸며 보세요. 여기서 끝이 아닙니다! 따라 만드는 데 그치지 않고 공간에 내 개성을 담을 수 있도록 '나도 크리에이터' 코너를 통한 응용까지 알려 줍니다! 실습을 도울 준비 파일도 모두 제공하니 놓치지 말고 챙겨 가세요.

> • 실습 파일 내려받기: 이지스퍼블리싱 홈페이지(easyspub.co.kr) → [자료실] → '게더타운' 검색

놀러 와요, 이지스빌딩! 게더타운 속 체험 공간 오픈!
뚝딱뚝딱 공간을 완성하는 실습 영상 제공!

허공에 나타나는 숨은 말풍선, 말을 건네는 NPC, 영상이 나오는 TV…?! 실습하면서 봤던 오브젝트를 게더타운에서 만나면 어떤 모습일까요? 그래서 준비했습니다! 게더타운에 오픈한 '이지스빌딩'을 방문해 보세요. 직접 공간을 거닐면서 오브젝트와 상호 작용할 수 있어요. 층마다 다른 테마로 구성되어 있는데다 입장료도 없고 시간 제한도 없답니다. 실습 과정을 타임랩스에 담은 영상도 준비했어요.

> • 체험 공간 '이지스빌딩' 방문하기 → vo.la/fkf7Y1
> • 실습 영상 → vo.la/5i7nkn

학습 안내

 실습 파일까지 챙기는 클래스! '실습 파일'은 여기서

이 책의 실습에 필요한 모든 파일은 이지스퍼블리싱 홈페이지(www.easyspub. co.kr)의 [자료실]에서 받을 수 있습니다.

 **체험 공간과 실습 영상은 여기서**

이 책에서 만든 모든 실습 결과물을 직접 보고 상호 작용할 수 있는 게더타운의 '이지스빌딩'으로 놀러 오세요. 공간 제작 과정을 한눈에 볼 수 있는 실습 영상도 준비되어 있어요.

🔹 게더타운 '이지스빌딩' → vo.la/fkf7Y1
🔹 실습 영상 → vo.la/5i7nkn

 **함께 공부하는 'Do it! 스터디룸'은 여기서**

연중무휴 24시간 열려 있는 'Do it! 스터디룸'에서 함께 공부하는 동료들을 만나 보세요. 혼자 시작해도 함께 끝낼 수 있어요. 이와 더불어 공부만 해도 책을 선물로 받는 '두잇 공부단', 미션도 수행하고 학습도 하는 '된다스!' 등 다양한 이벤트에 참여해 보세요.

🔹 Do it! 스터디룸 cafe.naver.com/doitstudyroom

목차

준비 마당

가상 공간에 오신 여러분,
환영합니다!

요즘 '메타버스'라는 단어가 심심찮게 들리는데요. 대체 메타버스가 뭐길래 이렇게 급부상 중일까요? 성장하고 있는 메타버스 플랫폼에는 어떤 것이 있을까요? 그중에서도 우리가 **게더타운**^{gather town}을 선택한 이유는 무엇일까요? 준비 마당에서는 나만의 가상 공간을 만들기 전에 메타버스와 친해지는 시간을 가져 보겠습니다.

01 · 가상으로 확장되는 세계, 메타버스

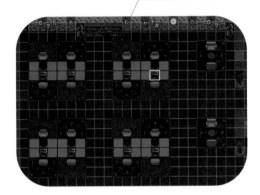

02 · 게임에서 공연을?
현실 세계와 연결된 가상 세계

03 · 게더타운에서 만나는 일상 속 가상 세계

★ 가상으로 확장되는 세계, 메타버스
★ 게임에서 공연을? 현실 세계와 연결된 가상 세계
★ 게더타운에서 만나는 일상 속 가상 세계

01

가상으로 확장되는 세계, 메타버스

메타버스란?

메타버스 metaverse는 가상을 뜻하는 메타 meta와 세계 universe의 합성어로, '가상 세계'를 뜻합니다. 미국 미래학협회 acceleration studies foundation, ASF에서는 메타버스를 다음과 같이 정의했습니다.

"(메타버스는) 물리 세계와 가상 세계의 연결점 또는 결합을 의미하는 복잡한 개념으로, 현실 세계를 '증강(augmentation)시키는가', '시뮬레이션(simulation)하는가' '사용자의 외부(external) 세계에 집중하는가, 내부(intimate) 세계에 집중하는가'에 따라 증강 현실, 라이프 로깅, 거울 세계, 가상 세계로 구분한다."

다시 말해서 가상 세계, 즉 현실이 아닌 세계지만 현실과 결합돼 있다는 뜻입니다. 그래도 잘 모르겠다면 전 세계를 뜨겁게 달궜던 증강 현실 게임 '포켓몬 고'나 스마트폰 카메라 앱에 새로운 바람을 불러일으킨 '스노우'를 떠올려 보세요. 이 밖에도 나의 일상을 기록하는 '인스타그램'이나 '페이스북' 같은 SNS, 앉은 자리에서 세계 곳곳을 둘러볼 수 있는 '구글 어스'도 가상 세계라고 할 수 있죠. 우리가 익숙하게 사용해 왔던 이 모든 서비스가 바로 메타버스입니다.

02

게임에서 공연을? 현실 세계와 연결된 가상 세계

이미 널리 사용하고 있던 메타버스가 급부상한 이유는 2020년부터 전 세계를 강타하기 시작한 코로나19로 인해 우리 삶이 빠르게 바뀌었기 때문입니다. 화상 회의, 원격 수업, 재택 근무, 온라인 공연 등 우리의 일상 활동 중 많은 것이 비대면으로 바뀌었죠.

실제로 2020년 4월 에픽게임즈에서 제작한 슈팅 게임 '포트나이트'에서는 래퍼 트래비스 스콧 Travis Scott의 콘서트가 열리기도 했습니다. 당시 이 공연은 트래비스 스캇의 모습을 본뜬 거대한 아바타가 하늘에서 등장하는 화려한 연출과 함께 시작됐는데요. 포트나이트 이용자들은 게임 속 무대를 둘러싸고 공연을 만끽했습니다. 콘서트에 모인 이용자는 약 2,770만 명에 달했고, 이 콘서트에서 판매된 굿즈나 아이템으로 벌어들인 수익은 약 220억 원에 이르렀다고 합니다. 코로나19로 침체된 공연 산업에 메타버스가 대안으로 떠오르기 시작한 것이죠.

슈팅 게임 '포트나이트'에서 열린 래퍼 트래비스 스콧의 콘서트

샌드박스 게임인 '로블록스roblox'에서는 넷플릭스 드라마 〈오징어 게임〉 속의 장면을 그대로 구현한 맵을 만들어 전 세계 드라마 팬이 한 공간에 모여 게임을 즐기는 색다른 풍경이 연출되기도 했죠. 이 오징어 게임 맵은 로블록스 전체 맵 중 상위권에 랭크될 정도였습니다. 이용자들은 게임에 참가도 하고, 맵을 직접 만들거나 플레이하는 모습을 유튜브에 업로드하는 등 콘텐츠를 다양하게 활용했습니다.

로블록스에 구현된 드라마 〈오징어 게임〉 속 게임들

🔍 **궁금해요!**   **메타버스 플랫폼에는 어떤 것이 있나요?**

우리 곁에는 매우 많은 메타버스 플랫폼이 존재합니다. 이 책에서 다룰 '게더타운'뿐 아니라 '제페토zepeto', '로블록스roblox', '마인크래프트minecraft', '젭zep', '아트스텝스artsteps', '오비스ovice', '이프랜드ifland', '인게이지engage', '스페이셜spatial' 등이 있죠. 대기업에서는 직접 메타버스 플랫폼을 제작하기도 한답니다. 직접 3D 아바타나 공간을 구현하는 개인 크리에이터도 등장했어요.
메타버스 플랫폼은 앞으로 점차 늘어날 것이고, 그만큼 사용자도 많아질 거예요. 이렇게 잘 만들어진 메타버스 플랫폼을 입맛에 맞게 사용할 수 있는 똑똑한 사용자가 돼 봅시다!

이러한 메타버스 서비스들을 미국 미래학협회에서 정의한 증강 현실, 라이프 로깅, 거울 세계, 가상 세계로 나눠 알아보면 다음과 같습니다.

메타버스 로드맵(출처: 2007, ASF 발표 자료)

알고 보니 우린 이미 메타버스 세계를 경험했거나 함께 살아가고 있었네요. 이제 메타버스가 조금 가깝게 느껴지나요?

왜 '게더타운'인가요?

여러분은 줌^{zoom}이라는 프로그램을 들어 본 적이 있나요? 코로나19로 재택 근무가 활발해지면서 줌, 마이크로소프트 팀즈^{MS teams}, 구글 미트^{google meet} 등과 같은 화상 회의 프로그램이 인기를 끌었죠. 이러한 프로그램 덕분에 재택 근무, 화상 회의, 화상 수업이 우리 일상이 됐습니다. 하지만 이러한 프로그램 때문에 업무와 여가의 구분이 모호해져 피로도가 높아졌다는 의견도 있습니다. 이를 가리켜 '줌 피로 증후군' 또는 '줌 피로증'이라는 신조어도 생겨났죠.

하지만 검은색 배경에 격자 모양의 비디오만 하염없이 바라보던 화상 회의는 이제 과거의 일이 돼 버렸습니다. 혼자만의 시간을 보내거나, 친한 동료들과 소통을 하거나, 필요할 때마다 업무 회의도 할 수 있는 가상 공간인 게더타운으로 여러분을 초대합니다.

게임인가, 화상 회의인가? 게더타운의 풍경
(출처: 게더타운 공식 홈페이지)

게더타운은 마치 2D 게임처럼 공간을 픽셀 형태로 만들고, 아바타로 이동하면서 줌의 화상 회의 기능까지 제공하는 메타버스 플랫폼을 말합니다.

제페토, 이프랜드 등과 같은 다양한 메타버스 플랫폼이 있는데도 유독 게더타운이 인기 있는 이유는 다음과 같습니다.

간편한 조작법과 직관적인 사용자 인터페이스

게더타운은 게임처럼 디자인됐을 뿐 아니라 조작법도 무척 쉽습니다. 방향 키를 눌러 아바타를 움직이거나 X 를 눌러 오브젝트로 상호 작용하는 등 키보드 조작만으로 모든 활동이 가능하죠. 쉬운 조작법과 직관적인 사용자 인터페이스는 게더타운의 진입 장벽을 낮췄습니다.

현실 물리 법칙을 적용한 현장감

게더타운은 아바타를 움직여 공간을 탐험할 수 있습니다. 단, 벽으로 막혀 있지 않다면 말이죠. 실제로 우리가 살고 있는 현실 속 공간처럼 벽이나 물체가 아바타 앞을 가로막고 있다면 지나갈 수 없답니다. 이런 점을 활용해 공용 공간과 휴식 공간 그리고 개인 공간을 나눠 설계할 수 있죠. 또한 사람과 사람 사이에도 거리가 가까워야 대화를 할 수 있듯이 아바타와 아바타가 가까운 거리에 있어야 소통할 수 있습니다. 마치 실제 공간에 머물면서 누군가와 소통하는 듯한 생생한 현장감을 느낄 수 있는 이유는 바로 이 때문이랍니다.

공간의 무궁무진한 변신, 다양성

게더타운이 지원하는 핵심 기능은 외부 사이트와 상호 작용할 수 있는 공간 구축과 화상 회의입니다. 즉, 어떻게 공간을 꾸미느냐에 따라 다양하게 활용할 수 있죠. 개인이나 그룹 활동은 물론, 발표회, 박람회, 콘서트 등 무궁무진하게 활용할 수 있습니다. 이제부터는 링크를 클릭하면서 여러 웹 사이트와 플랫폼을 헤매고 다닐 필요 없이 게더타운 속 나만의 공간 안에서 다양한 활동을 해보세요.

주어진 공간을 맘껏 꾸며 다양하게 활용할 수 있어요.

누구나 쉽게 할 수 있는 공간 만들기

게더타운은 누구나 무료로 공간을 만들 수 있습니다. 공간을 만드는 데 필요한 프로그램과 재료는 모두 게더타운이 제공합니다. 공간의 크기부터 용도, 오브젝트의 위치에 이르기까지 자유자재로 만들고 꾸밀 수 있어요. 게더타운은 3D 기반의 다른 메타버스 플랫폼과 달리 2D 기반이기 때문에 입문자들이 공간을 만들기가 더욱 쉽습니다. 이 책을 끝까지 읽고 나면 여러분도 게더타운의 공간 만들기 장인이 돼 있을 거예요.

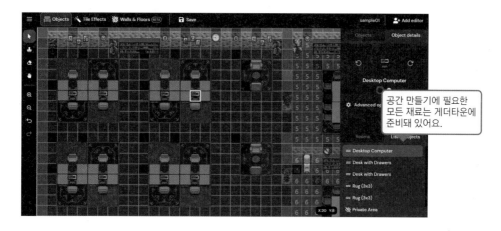

공간 만들기에 필요한 모든 재료는 게더타운에 준비돼 있어요.

이 밖에도 게더타운의 공간에 참여하려면 계정이 없어도 된다는 점, 25명까지 무료라는 점 등 다양한 장점이 있어요. 세부 사항은 다음 표를 참고하세요.

기준	세부 사항
동작 기기	PC, 모바일 *모바일에서는 게더타운이 모든 기능을 사용할 수 없으므로 PC 사용을 권장합니다.
웹 브라우저	'크롬' 브라우저를 권장
그래픽	2D
계정	계정이 없어도 공간에 참여할 수 있음(단, 공간 제작·관리에는 계정이 필요함)
활용 사례	컨퍼런스, 화상 회의, 가상 오피스, 재택 업무, 온라인 수업, 온라인 행사, 대규모 강의 등에 활용
비용	방문자 25명까지 무료이고, 25명 이상 방문 시 원활한 이용을 위해 인원수와 사용 시간에 따른 결제가 필요함 * 교육용, 비영리 단체 등은 할인 또는 스폰서십 이용 가능

03

게더타운에서 만나는 일상 속 가상 세계

게더타운에선 온라인 공간을 쉽게 만들 수 있다는 건 알았어요. 그러면 어떤 공간을 만들어야 할까요? 만드는 방법을 알고 있다고 해서 모두 잘 만들 수 있는 건 아니니까요. 기능 못지않게 중요한 건 '방향성'이에요. 따라서 어떤 공간을 어떤 식으로 디자인할 것인지를 정하는 것이 중요합니다. 이번에는 실제로 학교, 기업들은 게더타운에서 어떤 공간을 만들었는지 알아보고, 여러분은 무엇을 목적으로 공간을 만들고 싶은지, 어떤 기능이 필요한지를 생각해 봐요.

사무실이 내 방에? 가상 오피스

최근 들어 게더타운이 주목을 받고 있는 이유는 재택 근무가 활성화되었기 때문이에요. '가상 오피스'가 게더타운에 만들어지기 시작한 것이죠. 가상 오피스에서는 사무실과 닮은 맵을 만든 후 직접 대면하지 않고도 회사 동료들과 소통할 수 있어요. 비대면으로 각광받기 시작한 가상 오피스가 아이러니하게도 대면 방식의 소통 기능을 사용하는 것이죠.

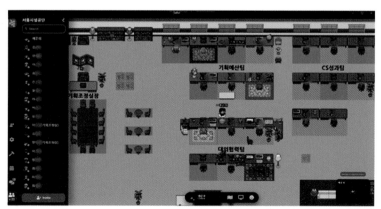

서울시설공단의 가상 오피스

단순히 메일, 메신저로 주고받는 문자, 음성뿐 아니라 웹캠을 이용해 얼굴을 볼 수도 있고 아바타로 현재 상태를 표현할 수 있어서 비언어적 의사소통까지 가능하다는 장점이 있습니다.

가상 오피스의 장점 중 하나는 회의실이나 팀 영역만 잘 나누면 공간을 꾸미는 데 특별한 기능이 필요하지 않다는 것이에요. 오프라인 사무실보다 효율적으로 업무를 볼 수도 있어요. 실제로 오프라인 사무실 없이 가상 오피스로 출근하는 기업도 늘고 있으니 그 효과는 증명됐다고 봐야겠죠? 심지어 한화 시스템에서는 비대면 면접을 위해 면접장을 만들기도 했어요.

한화 시스템에서 비대면 면접을 위해 만든 가상 면접장

이런 흐름에 탑승해 경찰서나 은행과 같은 관공서가 메타버스에 등장하기도 했어요. 2021년 7월 KB국민은행은 게더타운에 'KB금융타운'을 열어 고객과의 상담이나 비대면 업무 처리를 시도했어요. 개인적 상담이 가능한 은행 창구와 게임을 하다 보면 시간이 훌쩍 흘러가는 대기 공간까지 구현했죠.

'게더타운'에 열린 KB 국민은행 메타버스 영업점(출처: 팍스경제TV)

이처럼 기업이나 지자체, 관공서 등도 메타버스 플랫폼에 공간을 만들어 활발하게 소통하고 있답니다.

비대면 수업이 일상이 되다, 가상 교실

가상 오피스 다음으로 가상 현실에서 가장 많이 구현된 공간을 꼽으라면 단연 교실일 거예요. 메타버스 플랫폼은 대학뿐 아니라 초·중·고 온라인 수업에서도 실시간 수업의 방안 중 하나로 사용됐어요. 실제 교실을 그대로 구현한 가상 교실에서 선생님과 친구들을 만나 수업을 하다 보면 온라인 강의로 수업을 할 때보다 집중도도 높아지고, 친구들과의 관계도 유지할 수 있어요. 그래서 학습 수준과 사회성을 유지하는 가장 좋은 방법으로 꼽히고 있죠. 초면인 사람과도 가볍고 즐겁게 어울릴 수 있고, 입학식, 졸업식 등과 같은 각종 모임의 좋은 대안으로 떠오르고 있어요.

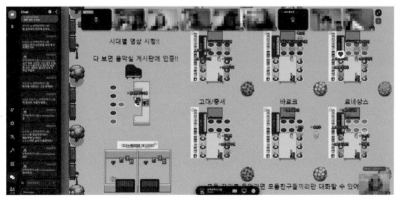

'게더타운'에 등장한 충북 청원고등학교의 음악실

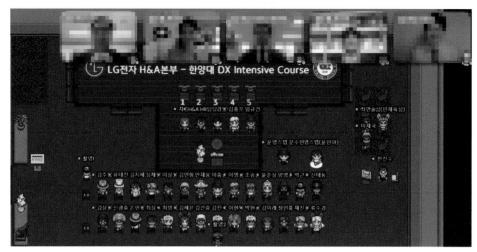

한양대학교 메타버스 개강식

실제와 똑같이 맵을 만들어 실제로 그곳을 방문하지 않아도 길을 익힐 수 있다는 장점도 있어요. 소개하고 싶은 장소가 있다면 게더타운으로 어떻게 구현할 것인지 생각해 보세요.

게더타운에 똑같이 구현된 문경대학교 캠퍼스

즐거움을 나눠요! 가상 공간 속 행사들

게더타운의 특징 중 하나는 '게임 같은 그래픽'입니다. 게임을 즐기듯이 오프라인 행사를 게더타운에서도 즐길 수 있다면 색다른 즐거움을 느낄 수 있겠죠? 게더타운에는 한 사람의 목소리를 공간에 있는 모든 사람에게 전달하는 스포트라이트spotlight라는 기능이 있어요. 즉, 스포트라이트 기능을 받은 사람은 마치 무대 위에 서 있는 것과 같은 기분을 느낄 수 있죠. 마치 강연장이나 콘서트장처럼요.

게더타운에서 열린 대학생 창업경진대회 '창업아 놀자'

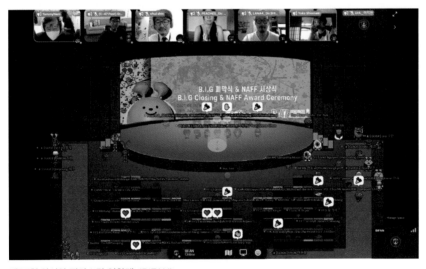

제25회 아시아 판타스틱 영화제 〈BIFAN〉

게더타운은 오프라인 공간과 달리 아바타들이 공간을 돌아다니면서 오브젝트와 상호 작용을 할 수 있어 좀 더 다양한 매체와 연결되죠. 강연이나 부스 활동에 무척 유용하겠네요. 부스를 활용한 전시회가 게더타운에서 열리기도 했답니다.

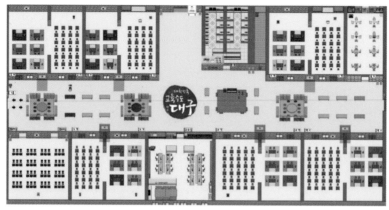

대구 고고스쿨 교과 부스와 학술제

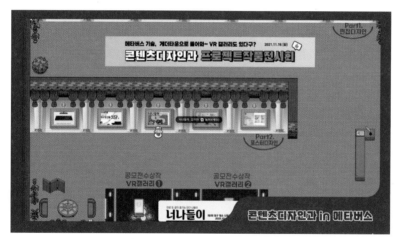

디자인학과의 작품 전시회(출처: 유튜브 '한국 폴리텍대학 대구캠퍼스')

공간을 잘 살펴보면 구역이 부스별로 나뉘어 있고, 사람들이 교류할 수 있는 공용 구역이 따로 있다는 것을 알 수 있어요. 오프라인과 비슷하죠? 언택트 시대로 축소됐던 여러 모임이 게더타운에서 다시 활성화되면서 새로운 방향성을 보여 주고 있어요. 게더타운과 함께라면 사람이 아무리 많이 오더라도 걱정 없겠죠?

게임 속 게임? 공간이 곧 놀이가 되는 게임 맵

게더타운을 보면 무엇이 떠오르나요? 2D 그래픽, 아바타, 맵… 자연스럽게 게임이 떠오르지 않나요? 이처럼 게더타운의 오브젝트를 활용하면 정말 게임처럼 공간을 꾸밀 수도 있어요. 동선과 상호 작용만 잘 구상한다면 복잡한 과정 없이도 누구나 쉽게 미로, 방탈출 게임, 보물찾기 등 다양한 게임을 만들 수 있어요. 이렇게 만든 맵을 교육과 접목한다면 학생들의 집중도도 마구 올라가겠죠?

게임 속 게임처럼 꾸민 공간(출처: 게더타운 공식 홈페이지)

게더타운에 만들어진 방탈출 게임(출처: 유튜브 '음플릭스')

첫째 마당

게더타운과 가까워지기

메타버스가 어떤 세계인지 그리고 메타버스 플랫폼인 게더타운에서는 어떤 활동을 할 수 있는지 감이 오나요? 이제 계정을 만들고 게더타운의 기본 메뉴를 알아보면서 공간을 어떻게 만드는지 알아볼게요. 게더타운에서 생일 파티도 하고, 사교 모임도 열고, 나만의 건물을 만들어 건물주도 되어 보아요!

01 • 게더타운 계정과 아바타 생성하기

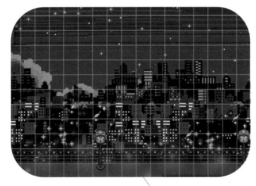

02 • 나만의 공간 만들기

01

게더타운 계정과
아바타 생성하기

낯설기만 했던 메타버스, 알고 보니 우린 이미 메타버스를 경험하고
그 안에서 살아가고 있었네요. 이제 메타버스의 플랫폼 중 하나인
'게더타운'의 세계로 한 발짝 더 들어가 볼까요?

01-1

게더타운이란?

게더타운을 시작하는 데는 2가지 방법이 있습니다. 하나는 게더타운 홈페이지에서 프로그램을 내려받아 설치하는 것이고, 다른 하나는 크롬^{chrome} 웹 브라우저에서 게더타운을 실행하는 것입니다. 게더타운은 크롬 웹 브라우저에 최적화돼 있으므로 될 수 있으면 크롬 웹 브라우저에서 실행하세요.

> 크롬 웹 브라우저는 구글에서 '크롬'을 검색하면 쉽게 설치할 수 있어요.

하면 된다!⟩ 게더타운 준비하기

01 게더타운 접속하기
크롬 웹 브라우저를 실행한 후 gather.town으로 이동하면 다음과 같은 홈페이지 메인 화면을 볼 수 있습니다. 그런데 영어라서 읽기가 조금 불편하네요. 구글 자동 번역 기능을 이용해 한국어로 바꿔 보겠습니다.

02 언어 설정하기

크롬 창의 오른쪽 위에 있는 ⋮ 를 클릭해 [설정]으로 들어가세요. 페이지의 왼쪽에 설정 메뉴들이 보입니다. 고급 메뉴 중 [언어]를 클릭해 볼까요?

03 기본 언어를 [한국어]로 설정해 둬야 크롬 웹 브라우저가 영어를 한국어로 자동 번역합니다. [언어]를 클릭하면 번역을 원하는 언어를 선택할 수 있어요. 여기서 번역할 언어는 '영어'이므로 아래쪽에 영어가 추가돼 있는지 확인하세요. 그런 다음 아래쪽에 [이 언어로 된 페이지에 대한 번역 옵션 제공] 버튼을 활성화하세요.

ⓘ [언어 추가] 버튼을 클릭하면 원하는 언어를 추가할 수 있어요.

04 이제 다시 게더타운 홈페이지로 돌아가면 [주소] 창의 오른쪽에 [이 페이지 번역하기] 아이콘이 보일 거예요. 아이콘 📄 을 클릭한 후 [한국어]를 선택해 홈페이지를 한국어로 바꾸세요.

ⓘ 페이지를 이동하거나 새로 열린 [팝업] 창이 영어로 나타날 경우, 마우스 오른쪽 버튼을 클릭하고 [한국어로 번역]을 선택하면 간단하게 자동 번역 기능을 활용할 수 있답니다.

하면 된다! ⟩ 게더타운 실행하기

게더타운 설치하기

이제 가벼운 마음으로 게더타운을 시작해 볼까요? 앞서 언급했듯이 게더타운을 시작하는 데는 2가지 방법이 있습니다. 설치를 하거나 크롬 웹 브라우저에서 실행하는 것이죠.

ⓘ 게더타운을 설치하든, 크롬 웹 브라우저에서 실행하든 기능과 설정은 모두 동일하므로 편리한 방법을 선택하세요!
  단, 이 책은 크롬 브라우저에서 실행하는 것을 기본으로 설명합니다.

설치를 하려면 게더타운 홈페이지의 위쪽에 있는 메뉴 중 [리소스 → 다운로드]를 클릭한 후 자신이 사용하는 컴퓨터에 맞게 설치 파일을 내려받으세요.

내려받은 설치 폴더에서 오른쪽 그림과 같은 설치 파일을 더블클릭하
면 게더타운이 바로 실행됩니다.

Gather-Setup-0.
1.6.exe

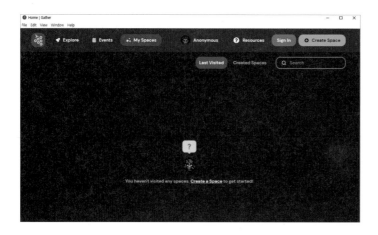

크롬 웹 브라우저에서 실행하기

이번에는 게더타운을 크롬 웹 브라우저에서 실행해 보겠습니다. 웹 브라우저에서 실
행하는 방법은 훨씬 더 간단합니다. 게더타운 메인 페이지에서 [무료로 시작하세요]를
클릭하면 곧장 게더타운을 시작할 수 있는 페이지로 이동합니다. 간단하죠? 이후엔
공간을 만드는 과정이 이어지니 여기서 멈추고 계정을 만들러 가볼까요?

🛈 이어서 공간을 만드는 방법은 '2-1 공간을 만드는 2가지 방법'을 참고하세요.

하면 된다! } 게더타운 계정 만들기

01 계정 만들기

게더타운을 설치하든, 크롬 웹 브라우저에서 실행하든 게더타운에 접속하려면 '계정'
이 필요합니다. 다시 메인 페이지로 돌아가 계정을 만들어 볼까요? 메인 페이지의 위
쪽에 있는 [로그인]을 눌러 로그인 페이지로 이동하세요.

02 [Sign up with Google]을 클릭해 구글 아이디로 계정을 생성할 수도 있지만, 구글 아이디가 없다면 'Enter your email address'에 가입할 이메일을 입력해 새로운 계정을 만드세요. 그런 다음 아래쪽에 있는 [Sign in with email]을 클릭해 이메일로 온 6자리 코드를 입력해 계정의 생성을 마무리하세요.

ⓘ 단, 새로운 이메일로 계정을 만들면 로그인할 때마다 6자리 코드를 받고 입력해야 하는 과정이 필요합니다. 될 수 있으면 구글 아이디로 가입해 편리하게 이용하세요.

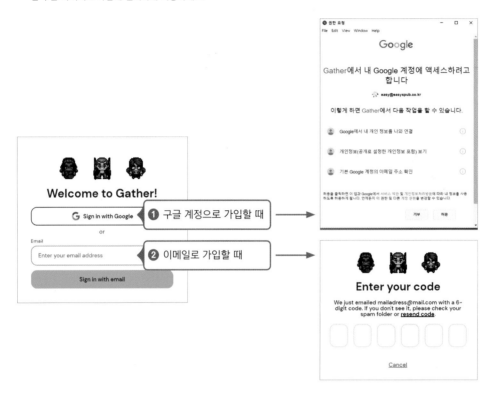

01-2

게더타운 아바타 만들기

하면 된다! } 아바타 생성하기

01 아바타 꾸미기

이제 아바타를 꾸며 볼까요? 아바타 꾸미기로 넘어
가면 맨 위에 [Body], [Clothing], [Accessories]라는
3개의 탭이 있고, 그 안에 여러 카테고리가 있어요.
이 중 [Body] 탭에서는 [Skin], [Hair], [Facial Hair]
를 설정할 수 있습니다. 피부색, 머리 스타일 등을 선
택하세요. 원한다면 멋있는 턱수염을 추가하세요.

ⓘ 공간에 따라 새로운 아바타를 만들 수 있답니다.

02 [Clothing] 탭에서는 옷과 신발을 선택할 수 있습
니다. 원하는 옷과 신발을 선택하세요.

03 [Accessories] 탭에서는 모자, 안경과 같은 액세서리들을 착용할 수 있습니다. 나만의 개성이 드러나는 액세서리를 선택한 후 다양한 색상으로 꾸며보세요. 모두 꾸몄다면 맨 아래에 있는 [Next Step]을 눌러 아바타를 저장하세요.

04 아바타의 이름 짓기

계정을 생성했으니 이제 나를 대신할 아바타를 만들 차례예요. 먼저 이름을 입력하세요. 이름에는 한글, 영어는 물론 특수 문자도 입력할 수 있고, 언제든지 수정할 수도 있습니다.

ℹ 영어가 불편하다면 화면에서 마우스 오른쪽 버튼을 클릭한 후 [한국어(으)로 번역]을 클릭하세요. 단, 구글 자동 번역기로 번역돼 다소 어색할 수 있으니 이 책에서는 영어로 진행하겠습니다.

아바타를 꾸밀 수 있는 아이템은 계속 업데이트 중이랍니다. 언제든지 새 아바타를 만들고 새롭게 꾸밀 수 있어요. 핼러윈이나 새로운 계절에 맞는 아이템이 이벤트처럼 생겼다가 사라지기도 하니 시즌에 따라, 그날의 기분이나 입장할 공간에 따라 아바타를 꾸미는 재미가 쏠쏠하겠죠?

01-3

게더타운의 홈페이지 화면 둘러보기

게더타운의 공간에 들어가기 전에 홈페이지 화면을 둘러볼까요? 캐릭터를 모두 만들면 게더타운의 홈페이지 화면으로 이동하는데, 이곳에서 공간을 만들 수도 있고, 방문했던 공간으로 이동할 수도 있어요.

화면의 오른쪽 위에는 왼쪽부터 친구, 내 아바타 관리 그리고 게더타운의 자원을 활용할 수 있는 메뉴와 새 공간을 만드는 버튼 등이 있어요. 왼쪽 위에는 [Explore], [Events], [My Spaces]라는 3개의 메뉴가 있고, 그 아래에는 내가 만든 공간 또는 방문했던 공간들이 나타나요. 새 계정이라면 아무런 공간도 나타나지 않는답니다. 차차 하나씩 채워 봐요!

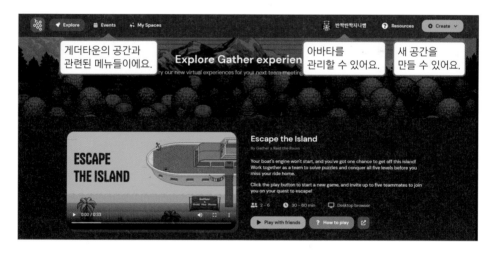

여기서 주의 깊게 봐야 할 부분은 왼쪽 위에 있는 [Explore], [Events], [My Spaces] 메뉴입니다. 각 메뉴를 이용해 어떤 것을 할 수 있는지 하나씩 알아볼까요?

❶ [Explore]: 게더타운에서 제공하는 공간을 체험할 수 있습니다. 지금은 방탈출 공간을 체험할 수 있으며 향후 업데이트에 따라 체험 공간이 바뀔 수 있습니다.

❷ [Events]: 원하는 주제에 맞게 게더타운에서 제공하는 완성된 공간을 활용하거나 직접 만든 공간에 이벤트를 기획하는 곳입니다. 게더타운 파트너 업체들에게 공간 디자인이나 활용 등을 의뢰할 수도 있어요. 이 밖에 구글 캘린더와 연동해 더 멋진 이벤트를 기획할 수도 있어요.

❸ [My Spaces]: 내가 만든 공간 또는 최근 방문했던 공간 등을 볼 수 있습니다. 한 번 방문한 공간은 여기서 확인하고 다시 방문할 수 있답니다.

🔍 궁금해요! 게더타운이 더 궁금하다면?

게더타운은 전 세계에서 사용할 정도로 인기가 날로 높아지고 있답니다. 그만큼 업데이트 주기도 빨라 디자인이나 메뉴가 시시각각 바뀌기도 하는데요. 새로운 메뉴나 기능이 낯설 수도 있어요. 이때는 메뉴와 관련된 안내 사항을 탐색해 볼 수 있는 [Help Center]를 이용하세요.

게더타운 홈페이지의 화면 오른쪽 위에 있는 [Resources → Help Center]를 클릭하면 주제별로 공간, 메뉴, 기능 등에 대한 설명이 잘 정리된 Help Center로 들어갈 수 있어요. 궁금한 주제를 클릭하면 관련 설명, 게더타운 활용 팁을 쉽고 빠르게 찾을 수 있답니다.

게더타운의 Help Center

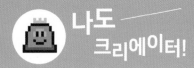
나만의 아바타를 만들어 보세요!

나의 개성이 드러나도록 아바타를 만들고 꾸며 보세요. 아바타는 게더타운에서 또 다른 나로 활동하게 될 친구들이랍니다. 이 아바타를 이용해 공간을 탐색하고 협업하고 회의를 진행할 거예요. 피부색, 머리, 의상, 액세서리 등과 같은 모든 요소를 선택해 나만의 독창적인 아바타를 만들어 보세요. 물론 아바타는 언제든지 바꿀 수 있고 공간마다 다른 아바타로 입장할 수 있어요.

02

나만의 공간 만들기

날 닮은 귀여운 아바타가 아장아장 걸어다니고, 친구들을 초대해 도란도란 이야기를 나누고, 성대하게 이벤트도 열 수 있는 내 공간을 만들어 볼게요. 시간적·경제적 제약도 없이 인테리어도 마음껏 할 수 있어요.

02-1

공간을 만드는 2가지 방법

이제 아바타가 걸어다니거나, 다른 아바타와 대화를 나눌 수 있는 공간을 만들어 볼 거예요. 공간을 직접 만들 수 있다니 마음이 설레지 않나요? 하지만 그전에 게더타운 에서는 공간이 어떻게 구성되는지를 이해해야 공간을 좀 더 쉽게 만들 수 있어요. 기 본 원리만 이해하면 여러분도 나만의 공간을 뚝딱 만들 수 있답니다.

게더타운에서는 비어 있는 새 공간을 만들 수도 있고, 만들어 둔 공간을 복사할 수도 있어요. 또는 게더타운에서 미리 만들어 둔 공간, 즉 템플릿을 활용할 수도 있어요. 이 번 실습에서는 템플릿으로 공간을 만들어 보고 비어 있는 공간도 만들어 볼게요.

하면 된다! ⟩ 템플릿으로 공간 만들기

01 공간 만들기

홈페이지 화면의 오른쪽 위에 있는 [Create]를 클릭한 후 [Create a Space]를 선택합니다.

ℹ️ [Event]를 선택한 상태에서는 [Create an Events]만 선택할 수 있어요.

02 공간의 용도 선택하기

어떤 목적으로 공간을 생성할 것인지 선택하는 팝업이 나타납니다. 업무 공간인지, 이벤트 공간인지, 체험 공간인지를 선택할 수 있어요. [Set up a workspace]를 선택 한 후 오른쪽 아래에 있는 [Select Space]를 클릭해 보세요. 주제에 맞는 맵을 자동 으로 추천해 줍니다.

ⓘ 게더타운에서 제공하는 모든 템플릿을 둘러보고 싶다면 [Advanced setup for experts]를 클릭하세요!
템플릿 페이지로 이동합니다.

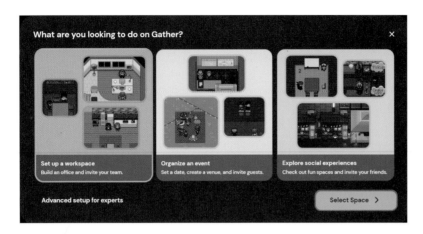

03 공간의 용도를 선택하면 이 공간을 이용할 인원수를 설정할 수 있어요. 인원수에 따라 공간의 크기, 디자인, 구성 등이 바뀐답니다. 적합한 인원수를 설정한 후 [Confirm Selection]을 클릭하면 공간을 간편하게 만들 수 있어요. 하지만 우선 다양한 템플릿을 알아보고 선택할게요. 왼쪽 아래에 있는 [See other templates]를 클릭하세요.

04 템플릿 선택하기

[Templates] 페이지로 이동하면 게더타운에서 제공하는 다양한 템플릿을 볼 수 있습니다. 왼쪽에서는 사무실, 교실과 같은 공간의 용도를 선택할 수 있고, 가운데에서는 인원수, 공간의 구성 등과 같은 자세한 내용을 선택할 수 있어요.

ⓘ 공간의 용도를 선택하는 창에서 [Advanced setup for experts]를 클릭해도 [Templates] 페이지로 이동할 수 있어요.

05 아담한 사무실을 만들어 볼까요? [Office] 카테고리의 맨 위에 있는 [Cozy Office]를 선택하세요. 오른쪽에 [Space details]라는 새로운 창이 나타나면서 인원수, 공간에 대한 설명을 볼 수 있습니다. 원하는 공간을 만들기 충분한지 꼼꼼히 확인하세요.

06 공간 이름 짓고 비밀번호 설정하기

이 공간이 마음에 든다면 이제 만들어 볼까요? [Space details]의 아래에 있는 [Name your space]에서 공간의 이름을 짓고 비밀번호를 설정할 것인지 선택하세요. 공간의 이름은 곧 주소가 되기 때문에 한 번 설정하면 바꿀 수 없으니 신중하게 지어 주세요.

비밀번호 기능은 언제든지 활성화 또는 비활성화할 수 있고 비밀번호를 바꿀 수도 있어요.

07 마지막으로 공간을 만드는 목적을 선택해야 합니다. 특정 맵이나 오브젝트를 사용하기 위해 꼭 공간의 목적을 설정해 줘야 하는 경우도 있지만, 일반 사무실, 웨비나를 위한 공간을 만드는 데는 큰 영향을 미치지 않아요. 하지만 필수 질문이기 때문에 반드시 선택해야 합니다. 모두 선택했다면 맨 아래에 있는 [Create space]를 클릭하세요.

ℹ️ 게더타운에서 제공하는 'Go Kart' 맵이나 'rec room' 오브젝트를 사용하려면 공간의 목적을 [Remote Office]로 설정해야 합니다.

08 공간에 입장하기

방금 만든 공간으로 이동합니다. 입장하기 전 연결된 카메라와 마이크를 확인할 수 있어요. 이 카메라와 마이크로 공간 안에서 다른 사람과 소통할 수 있으니 입장하기 전에 연결 상태를 꼭 확인하세요. 물론 카메라와 마이크가 없어도 공간에 입장할 수 있어요. [Join the Gathering]을 클릭해 입장하세요.

입장하기 전 카메라와 마이크가 작동하는지 확인하세요.

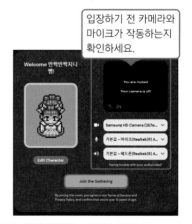

ℹ️ 공간에 첫 입장하면 '튜토리얼'로 이어집니다. '2-2 첫 방문자를 위한 공간 사용법'을 읽고 튜토리얼을 숙지하세요!

ℹ️ [Join the Gathering]을 누르면 게더타운의 정책에 동의하는지, 만 13세 이상인지 확인하는 문구가 나타납니다.

09 템플릿을 이용한 공간 하나를 완성했습니다. 간단하죠?

하면 된다! ⟩ 비어 있는 새 공간 만들기

01 새 공간 만들기

템플릿으로 완성된 공간을 쉽게 만드는 것도 좋지만, 나만의 독창적인 공간을 만들려면 아무것도 없는 것부터 시작하는 게 좋을 때도 있습니다. 이번에는 아무것도 없는 새 공간을 만들어 볼게요. 게더타운의 홈페이지 화면에서 [Create → Create a Space]를 눌러 새 공간을 만드세요.

02 [Advanced setup for experts]를 선택하면 곧바로 [Templates] 페이지로 이동할 수 있습니다.

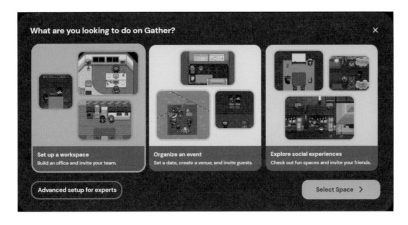

03 빈 공간 만들기

이번에는 템플릿을 선택하지 않고 위에 있는 [Start from blanket]을 클릭하세요. 그러면 공간 크기부터 바닥, 벽까지 설계해야 하는 [Blank]와 크기, 바닥, 벽까지 만들어진 [Empty Room] 중 하나를 선택할 수 있어요. 아무것도 없는 [Blank]를 선택하세요.

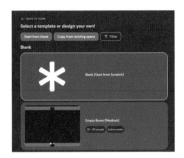

04 [Blank]를 선택하면 템플릿으로 새 공간을 만들 때처럼 화면의 오른쪽에서 공간에 대한 설명과 기본 설정 입력 칸을 볼 수 있습니다. 이와 마찬가지로 내 공간의 이름과 비밀번호 그리고 공간을 만드는 목적을 설정하세요. 그런 다음 맨 아래에 있는 [Open Mapmaker]를 클릭해 보세요.

ⓘ [Empty room]은 오브젝트가 없는 빈 방이지만, 타일이 깔려 있고 벽이 있어 앞서 템플릿으로 만든 공간처럼 맵 메이커가 아닌 바로 만들어진 공간으로 이동할 수 있어요.

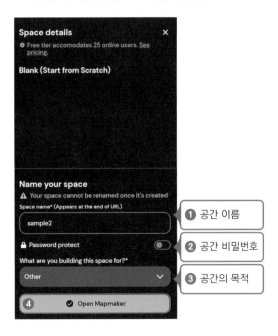

05 [Blank]는 바닥도, 벽도 없는 상태에서 설계부터 해야 하기 때문에 맵 메이커로 이동합니다. 우선 빈 공간은 이렇게 만들 수 있다는 것까지만 알아 두고, 맵 메이커는 '2-4 맵 메이커 이해하기'에서 좀 더 자세히 알아볼게요.

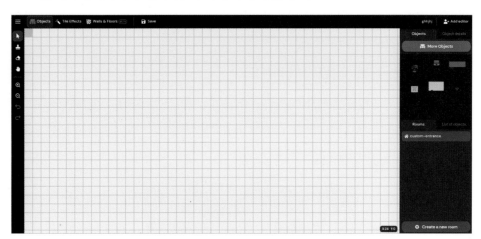

나도 크리에이터!

템플릿으로 공간을 만들고 접속하세요!

이제 여러분의 공간을 만들 차례예요! 게더타운에는 무척 많은 템플릿이 준비돼 있답니다. [Templates] 페이지에서 원하는 템플릿을 선택해 나만의 공간을 만들어 보세요.

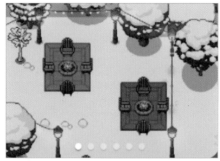

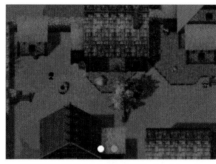

02-2

첫 방문자를 위한 공간 사용법

게임을 처음 시작할 때 캐릭터를 어떻게 움직이는지, 사물과 상호 작용은 어떻게 하는지 등을 사용자가 쉽게 파악할 수 있도록 튜토리얼을 진행합니다. 게더타운도 이와 마찬가지로 공간에 처음 입장하는 사용자를 위해 튜토리얼을 제공한답니다. 튜토리얼을 따라 아바타를 움직이고 오브젝트와 상호 작용하고, 마이크와 카메라를 연결하는 방법을 알아보겠습니다.

하면 된다! ⟩ 게더타운 사용자 튜토리얼

01 아바타 이동하기

아바타는 방향 키나 W, A, S, D를 눌러 앞, 뒤, 양옆으로 이동할 수 있답니다. 아바타를 움직여 볼까요?

02 마이크 켜고 끄기

다음은 마이크를 켜는 방법입니다. 왼쪽 아래에 있는 마이크 아이콘이 음소거 상태예요. 이 아이콘을 클릭하면 간단하게 켤 수 있어요. 다시 한 번 클릭하면 마이크를 끌수 있어요. 카메라도 이와 같은 방법으로 켜거나 끌 수 있습니다. 물론 컴퓨터, 마이크, 카메라가 연결돼 있어야겠죠?

마이크, 카메라 아이콘을 눌러 켜거나 끌 수 있어요.

03 오브젝트와 상호 작용하기

게더타운의 공간에는 상호 작용할 수 있는 물체들이 있습니다. 이것을 오브젝트라고 불러요. 상호 작용할 수 있는 오브젝트에 가까이 가면 테두리가 노란색으로 반짝반짝 빛이 난답니다. 키보드의 X 를 눌러 오브젝트와 상호 작용하세요. 상호 작용하면 오브젝트로 입장할 수 있어요.

ⓘ X 를 눌러도 상호 작용이 되지 않는다면 한/영 을 눌러 영문으로 바꾸고 다시 눌러 보세요.

04 오브젝트와 상호 작용 종료하기

오브젝트로 입장하면 게더타운에서 상호 작용할 수 있는 여러 오브젝트를 볼 수 있어요. 이런 오브젝트를 활용하면 다양한 활동을 유도할 수 있겠죠? 충분히 둘러 봤다면 오브젝트와 상호 작용을 종료할게요. 오브젝트에 입장할 때처럼 X 를 누르거나, 화면 오른쪽 위에 있는 [X]를 클릭하세요.

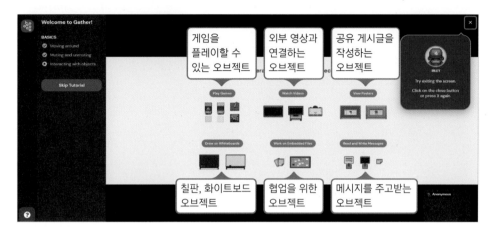

05 공간으로 입장하기

기본 튜토리얼을 무사히 마쳤어요! 이제 문을 통과해 우리가 만든 공간으로 입장해 봅시다. 새로운 공간으로 입장할 때는 약간의 시간이 걸려요. 목적지를 내가 만든 공간으로 설정하고 우주 여행을 가는 기분으로 잠깐만 기다려 주세요.

문으로 이동해 튜토리얼을 종료하고 공간으로 이동합니다.

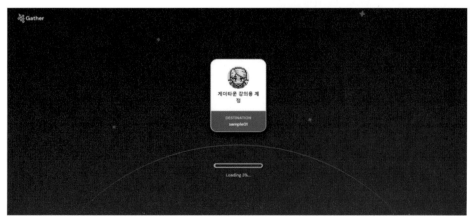

06 앞서 템플릿으로 만들어 둔 작은 사무실로 입장했어요. 벽, 바닥, 테이블, 의자까지 잘 배치돼 있죠? 이제 튜토리얼에서 배운 대로 아바타를 움직이고 오브젝트와 상호 작용해 보세요. 아바타의 다리가 짧아 움직이는 데 시간은 좀 걸리지만, 공간을 여유롭게 구경해 봅시다!

🔵 게더타운 메인 페이지에서 내 공간으로 입장하려면 [My Spaces]를 클릭하세요.

🔍 **궁금해요!** 　**공간에 입장했더니 경고 창이 나타나요!**

탭에 공간에 접속한 채 새로운 탭을 클릭하면 [You opened this room in another tab. Go to that tap to use it!]이라는 경고 창이 나타나요. 게더타운이 크롬 웹 브라우저의 같은 공간에 접속한 화면이 또 있다고 알려 주는 메시지랍니다. 만약 열어 둔 페이지가 없는데도 이 경고 창이 나타나면 웹 브라우저를 종료하고 다시 실행해 보세요.

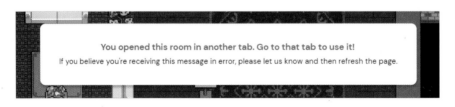

공간의 기본 기능과 익숙해지기

지금까지 게더타운에서 활동할 아바타를 꾸미고 공간을 만드는 2가지 방법을 알아봤어요. 이제 이렇게 만든 공간 안에는 어떤 메뉴와 기능이 있는지 알아볼 거예요. 내 공간에 친구들을 초대해 함께 즐기려면 기본 기능을 모두 알고 있어야겠죠?

로고 메뉴 알아보기

공간 이동·관리하기 [Home]

화면 왼쪽 아래에는 포도송이 모양의 게더타운 로고가 있습니다. 로고 아이콘을 누르면 상단에 공간의 이름이 뜨고 그 아래에 사용자를 초대할 수 있는 [Invite]와 게더타운 홈 화면으로 이동할 수 있는 [Home]이 보입니다.

그 아래 [Manage Space, Settings ...] 등 공간을 관리하기 위한 주요 메뉴들이 있는데요. 각 메뉴엔 어떤 기능이 있는지 하나씩 알아보겠습니다.

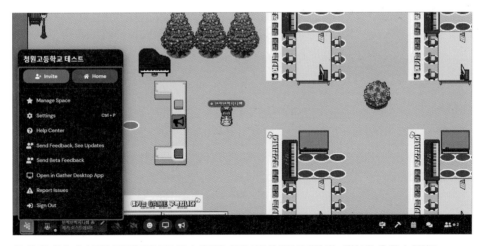

ℹ️ 이 메뉴들은 내가 만든 공간에서만 모두 볼 수 있어요. 다른 사람이 만든 공간에서는 일부 기능을 볼 수 없어요.

❶ **[Manage Space]**: 공간을 관리할 수 있는 대시보드로 이동합니다.

❷ **[Settings]**: 사용자 및 공간 설정 창을 열 수 있습니다.

❸ **[Help Center]**: 게더타운의 Help Center로 이동합니다.

❹ **[Send Feedback, See Updates]**: 게더타운의 운영진에게 기능과 관련된 요청, 질문, 의견 등을 보내거나 업데이트 항목을 확인할 수 있는 페이지로 이동합니다.

❺ **[Send Beta Feedback]**: 게더타운의 베타 기능에 대한 의견을 보낼 수 있습니다.

❻ **[Open in Gather Desktop App]**: 설치해 둔 게더타운 프로그램에서 이 공간을 실행합니다.

❼ **[Report Issues]**: 발견한 오류를 보고할 수 있습니다.

❽ **[Sign Out]**: 계정에서 로그아웃합니다.

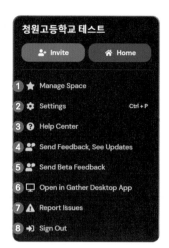

공지 관리하기 [Info board]

로고 메뉴 오른쪽 아래에 있는 [🖳 Info board] 클릭하면 방문자들에게 공지 또는 안내를 할 수 있는 기능이 나타납니다. 이 기능은 크게 2가지로 나뉘는데, 하나는 공지를 띄우는 [PINNED MESSAGES], 또 하나는 안내 방송을 하는 [ANNOUNCEMENTS]입니다.

❶ **[PINNED MESSAGES]**: 공간에 방문한 사용자에게 공지 문구를 띄울 수 있어요. [+ New post]를 클릭하면 공지할 내용을 입력할 수 있고 [Manage]를 클릭하면 공지를 관리할 수 있어요.

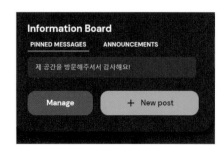

❷ [ANNOCEMENTS]: 방문자에게 공지를 안내할 수 있습니다. 멀리 있는 방문자도 [Info board]에 알림이 떠서 금세 확인할 수 있어요. [Info board]에서 안내 멘트들을 시간 순으로 확인할 수도 있답니다.

🔍 궁금해요! 책과 화면 속 아이콘, 기능들이 달라요!

공간을 만들 때 목적을 설정했던 것 기억하나요? 이때 [Remote Office]로 설정하면 다른 공간에 비해 사용할 수 있는 기능에 제약이 생깁니다. [Remote Office]는 말 그대로 원격 근무를 위한 공간이기 때문이죠. 대신 'Go-Kart' 맵과 [Rec Room] 오브젝트 기능은 [Remote Office]에서만 추가·실행할 수

[Remote Office]에서는 [Info board] 아이콘이 없어요.

있습니다. 또, 팀(구성원) 설정이나 게스트와 구성원을 따로 관리하는 것도 [Remote Office]에서만 가능합니다. 게더타운에서 사용할 수 있는 모든 아이콘(기능)은 [Help Center → Getting Started → Gather Basics → Gather Navigation]에서 확인할 수 있습니다.

'Gather Navigation' 페이지로 이동하기: https://support.gather.town/help/nav-bar

설정 창 알아보기

게더타운의 사용자 및 공간 설정을 할 수 있는 설정 창에 대해 알아볼게요. 로고 메뉴를 누르고 [Settings]를 클릭하면 설정 창을 볼 수 있습니다.

사용자 설정 [User] 탭

먼저 사용자 설정부터 살펴보겠습니다. 위쪽의 [User] 탭을 선택하면 창 왼쪽에 3가지 항목이 보입니다. 그 중 [Audio/Video]부터 차례대로 하나씩 둘러볼게요.

❶ [Devices]: 카메라, 마이크, 스피커 등 연결 기기를 설정할 수 있습니다.

❷ [Audio Level]: 마이크의 음량을 확인할 수 있습니다. [Start playback]을 클릭해 확인한 후 [Stop playback]을 클릭해 종료합니다.

❸ [Large grid]: 이 기능을 활성화하면 그리드 모드에서 16개의 비디오 화면을 한꺼번에 볼 수 있습니다.

❹ [Audio Idle Muting]: 크롬에서 게더타운을 실행했을 때 사용자가 크롬의 다른 탭으로 이동하면 자동으로 비디오와 카메라를 끄는 기능입니다.

❺ [Use HD Video Quality]: 비디오 품질을 설정할 수 있습니다.

❻ [Chat sounds]: 새로운 채팅 알림을 켜고 끌 수 있습니다.

❼ [Space Notifications]: 빈 공간에 사람이 들어올 때 브라우저에 알림이 뜹니다(0에서 1로 바뀝니다).

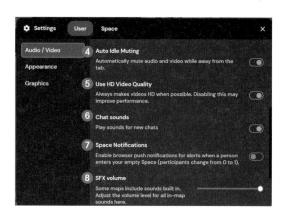

❽ [SFX volume]: 특정 소리가 포함된 맵의 전체 소리를 조절할 수 있습니다.

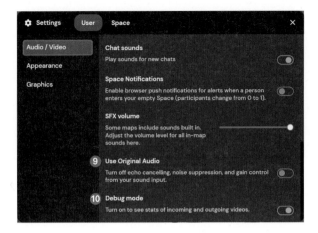

⑨ [Use Original Audio]: 입력된 음향에서 잡음은 제거하고 원본 오디오를 사용할 수 있습니다.

⑩ [Debug mode]: 비디오 수신 및 발신 통계 수치를 볼 수 있습니다.

[Appearance] 탭에서는 게더타운의 버전, 베타 기능, 맵 확대·축소 등을 설정할 수 있습니다.

❶ [Navigation 2.0]: 게더타운의 새로운 버전을 적용하는 기능입니다.

💡 [Navigation]은 업데이트 시 변경되거나 사라질 수 있습니다.

❷ [Beta features]: 게더타운의 베타 기능을 먼저 사용해 보는 기능입니다.

❸ [Use Smart Zoom]: 아바타의 이동에 따라 화면 비율을 자동으로 조정하는 기능입니다.

❹ [Manual Map Zoom]: 사용자 지정값으로 화면을 축소·확대할 수 있습니다.

❺ [Reduce motion]: 아바타의 움직임을 감소시키는 기능입니다.

[Graphics]에서는 게더타운의 그래픽과 관련된 설정을 할 수 있습니다.

❶ [Hardware Acceleration]: 하드웨어 가속 기능을 켜고 끌 수 있습니다. 단, 일부 기기는 하드웨어 가속을 지원하지 않습니다.

❷ [Limit Frame Rate]: 프레임 속도를 제한할 수 있습니다.

공간 설정 [Space] 탭

[Space] 탭을 클릭하면 게더타운의 공간과 관련된 설정을 할 수 있습니다. 기본 설정부터 접근, 제작, 사용자 역할까지 모두 이 탭에서 설정할 수 있어요.

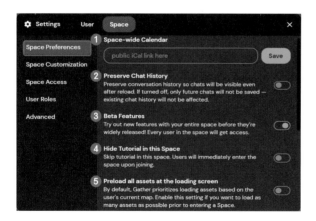

❶ [Space-wide Calendar]: 게더타운과 캘린더를 연동하는 기능입니다. 게더타운과 연결할 캘린더의 링크를 입력하고 [Save]를 누르면 됩니다.

❷ [Preserve Chat History]: 채팅 기록 보존 기능입니다. 이 기능을 활성화하면 공간을 나갔다가 다시 들어와도 이전 채팅 기록이 남아 있습니다.

❸ [Beta Features]: 게더타운에서 제공하는 베타 기능을 먼저 사용할 수 있는 기능입니다.

❹ [Hide Tutorial in this Space]: 게더타운의 첫 번째 방문자가 내 공간에 들어올 때 튜토리얼을 실행할 것인지 선택하는 기능입니다.

❺ [Preload all assets at the loading screen]: 로딩 화면에서 게더타운 맵의 에셋을 미리 로딩하는 기능입니다. 입장하자마자 가능한 한 많은 에셋을 보고 싶다면 활성화해 두는 것이 좋습니다.

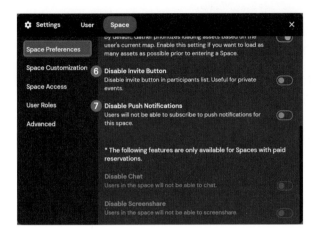

❻ [Disable Invite Button]: 참가자 초대 버튼을 비활성화하는 기능입니다.

❼ [Disable Push Notifications]: 참가자 푸시 알림을 비활성화하는 기능입니다.

ⓘ [Disable Chat]과 [Disable Screenshare]는 공간을 업그레이드해야 사용할 수 있는 기능입니다. 요금을 지불하고 대규모 행사를 진행할 때는 [Disable Chat] 기능으로 채팅을 막을 수 있고, [Disable Screenshare] 기능으로 방문자들의 화면 공유 권한을 금지할 수도 있습니다.

[Space Customization]에서는 공간 제작과 관련된 기능을 설정할 수 있습니다.

❶ [Global Build]: 공간 제작 권한에 대한 기능입니다. 이 기능을 활성화하면 누구나 내 공간에 오브젝트를 설치하거나 지울 수 있습니다.

ⓘ 공용 공간을 꾸민다면 공간 제작자가 전체 틀을 잡고, 방문자가 자신의 공간을 따로 꾸밀 수 있도록 잠시 열어 두는 방법도 있어요. 상황에 따라 적절하게 활용하세요.

❷ [Customize Space]: 공간을 내 마음대로 꾸밀 수 있는 공간 제작 기능입니다. 아래쪽에 있는 [Open Mapmaker]를 클릭하면 공간을 꾸밀 수 있는 맵 메이커 페이지로 이동합니다.

[Space Access]에서는 공간 방문자 제한에 대한 기능을 설정할 수 있습니다.

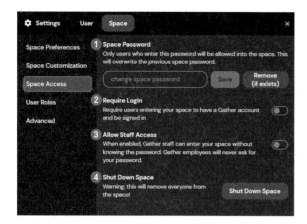

❶ [Space Password]: 공간 비밀번호를 설정할 수 있습니다. 비밀번호를 입력한 후 [Save]를 누르면 비밀번호를 설정할 수 있어요. 만약 비밀번호가 이미 설정돼 있다면 비밀번호를 [Remove(if exists)]로 해제할 수 있어요. 비밀번호 변경과 사용 여부는 호스트가 자유롭게 정할 수 있습니다.

❷ [Require Login]: 로그인한 사람만 내 공간에 들어올 수 있도록 방문 조건을 제한하는 기능입니다. 공간의 목적에 따라 이 기능을 활성화하세요.

❸ [Allow Staff Access]: 게더타운 운영진이 내 공간에 접근할 수 있도록 허락하는 기능입니다. 이 기능이 활성화돼 있으면 게더타운의 운영진이 내 공간을 발견하고 둘러볼 수 있어요.

❹ [Shut Down Space]: 공간을 닫는 기능입니다. 공간을 오랫동안 사용하지 않을 때는 방문자를 모두 내보내고 잠시 닫아 둘 수 있습니다. 이 기능을 사용해도 공간은 그대로 유지됩니다.

[User Roles]에서는 공간 관리자의 권한과 관련된 기능을 설정할 수 있습니다.

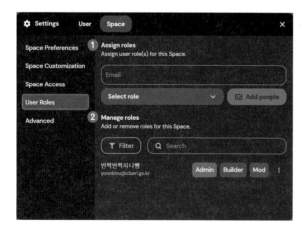

❶ [Assign roles]: 사용자에게 역할을 할당할 수 있습니다. 사용자를 초대하고 각각의 역할을 배정할 수 있어요.

❷ [Manage roles]: 이 공간에서의 역할을 관리합니다. 공간 관리자와 건축가, 중재자 역할을 할 사용자를 추가하거나 제거할 수 있습니다.

ℹ️ [Remote Office]에서는 [Mod]의 역할이 없어요.

[Advanced]에서는 공간에 대한 더 많은 설정을 할 수 있는 [Space Dashboard]로 이동할 수 있습니다.

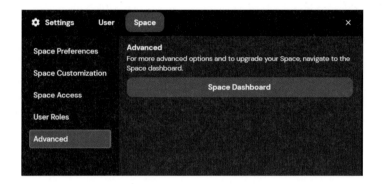

게더타운의 공간에 대한 더 많은 설정 메뉴를 보기 위해서는 [Space Dashboard]로 이동해 새 페이지에서 게더타운의 공간을 구체적으로 설정해야 합니다. [Space Dashboard]에서는 공간을 아예 삭제할 수도 있고, 공간에 방문하는 게스트 리스트를 만들어 업로드할 수도 있습니다. 공간에 들어오지 못하도록 입장 금지자 목록을 지정할 수도 있죠. 이후 게더타운을 사용하다가 구체적인 공간에 대한 고급 설정 사항은 [Space Dashboard] 페이지에서 공간 목적과 사용자 스타일에 맞게 설정해 보세요.

ℹ️ 팝업으로 나타나는 설정 창 메뉴가 전부 영어로 돼 있어 눈에 잘 들어오지 않을 경우, 마우스 오른쪽 버튼을 클릭하고 [한국어(으)로 번역]을 클릭하면 구글이 자동으로 번역해 줍니다.

🔎 궁금해요! Admin? Builder? 사용자 역할에 따라 어떤 게 다른가요?

[User Roles]를 보면 게더타운의 역할은 크게 공간에 대한 전체 권한을 가진 Admin사용자, 공간을 디자인하고 건축하는 권한을 가진 Builder건축가, 공간을 운영하는 권한을 가진 Mod중재자 그리고 공간에 방문한 Guest방문자로 나뉩니다. 큰 공간을 혼자 운영하기 어렵다면 사용자에게 역할을 부여해 나눠서 운영할 수 있죠.

게더타운 사용자 역할에 사용할 수 있는 기능을 표로 비교해 볼까요? 확인 표시(✔)는 그 기능에 접근하고 제어할 수 있다는 뜻입니다. 그 전에 사용자 역할에서 반드시 알아 둬야 할 몇 가지 내용을 살펴보세요.

☑ Admin(관리자)만 [Space dashboard]에 접근할 수 있습니다.
☑ Mod(중재자)는 [Remote Office]에서는 없는 역할입니다.
☑ Guest(방문자)는 다른 회원을 추가할 수 있지만, 제거할 수는 없습니다.
☑ 일부 기능은 예약이 예정됐거나 활성화 상태인 프리미엄 스페이스에서만 사용할 수 있습니다.
☑ 일부 기능은 원격 작업 공간 또는 이벤트, 기타 공간에서만 사용할 수 있습니다.

특징	Admin	Mod	Builder	Guest (RW 전용)
공간 기본 설정				
Space-wide calendar(캘린더 연동)	✔	✔		
Pin a moderator message(공지 메시지 고정) *Remote Work에만 해당	✔	✔		
Preserve chat history(채팅 기록 보관)	✔	✔		
Beta features(베타 기능)	✔	✔		
Hide tutorial in this Space(공간에서 튜토리얼 숨기기)	✔	✔		
Disable Invite button(초대 비활성화)	✔	✔		
Disable push notifications(푸시 알림 비활성화) *Remote Work에만 해당	✔	✔		
Disable chat(채팅 비활성화) *프리미엄에만 해당	✔	✔		
Disable screen share(화면 공유 비활성화) *프리미엄에만 해당	✔	✔		
공간 커스터마이징				
Global Build(건축하기)	✔		✔	
Open Mapmaker(맵 메이커 열기)	✔		✔	

> 'RW'는 Remote Work의 약자로 [Remote Office]로 설정한 공간에서만 활성화됩니다.

특징	Admin	Mod	Builder	Guest (RW 전용)
공간 접근				
Space password(공간 비밀번호 설정)	✓	✓		
Require Login(로그인으로 입장 제한)	✓	✓		
Allow staff access(게더타운 관계자 접근 허용)	✓	✓		
Shut Down Space(공간 닫기)	✓	✓		
Email domain access(이메일 주소 접근 허용)	✓	✓		
사용자 역할				
Add Members(구성원 추가) *Remote Work에만 해당	✓	✓	✓	✓
Assign roles(역할 할당)	✓	✓		
고급 설정(Space Dashboard)				
Reservations(예약)	✓			
Info board(공지 관리하기)	✓	✓		
Capacity Limit: Customize Warning Text (용량 제한: 경고 텍스트 사용자 지정)	✓			
Guest list: Upload, Add, Contact, Download, Remove (방문자 목록: 업로드, 추가, 연락처, 다운로드, 차단)	✓			
Banned Users(차단된 사용자)	✓	✓		
Delete Space(공간 삭제)	✓			

출처: 게더타운 Help Center

아이콘 메뉴 알아보기

공간 꾸미기 [Build·Erase]

[🔧 → Build]를 클릭하면 공간에 물건을 추가하거나, 이미지를 업로드하거나, 맵 메이커를 열 수 있는 버튼이 나타납니다. [Erase] 탭을 클릭해 물체나 이미지를 지울 수도 있어요.

ⓘ 맵 메이커를 열어 공간을 만들거나 수정하는 방법은 '2-4 맵 메이커 이해하기'에서 알아볼게요.

구글 캘린더와 연동하기 [Events]

[📅 Events]는 게더타운과 구글 캘린더를 연결하는 메뉴입니다. 회사의 업무 캘린더나 친구들과 공유하는 캘린더가 있다면 게더타운과 연결하세요. 구글 캘린더의 ical link를 추가하면 언제, 어디서, 어떤 회의를 할지 사전에 입장 공간과 시간, 내용 등을 저장하고 공유할 수 있답니다. 매번 링크를 복사해 보내는 번거로움 없이 캘린더에 공유된 회의 일정만 클릭하면 바로 게더타운으로 입장할 수 있으니 업무 효율성이 굉장히 높아지겠죠?

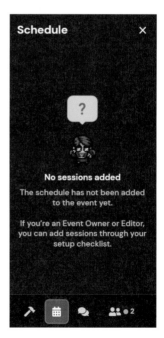

ⓘ 캘린더와 연동하려면 구글 캘린더에 로그인한 후 캘린더 링크를 입력하고 팀원들이 입장할 장소를 지정해 줘야 합니다. 맵 메이커를 열고 [Spawn tile ID]를 활용해 지정할 수 있습니다.

채팅하기 [Chat]

[💬 Chat]은 같은 공간에 있는 사람들과 대화를 나눌 수 있는 기능입니다. 채팅 창에 전달하고 싶은 메시지를 입력한 후 Enter 를 누르면 상대방과 대화할 수 있어요. 채팅 방식은 [Room], [Nearby], [Inbox]가 있습니다. [Room]은 이 공간에 있는 모두에게, [Nearby]는 근처에 있는 사람에게, [Inbox]는 관리자에게만 채팅을 보낼 때 사용합니다.

> 특정 사용자와 조용히 이야기를 나누고 싶다면 해당 사용자의 아바타를 두 번 클릭해 [Bubble] 기능을 활성화하세요. 다른 친구를 버블에 참여시키려면 버블 말풍선을 클릭해 초대할 수 있어요.

방문자 확인하기 [Participants]

[👥 Participants]에서는 공간에 방문한 방문자 목록을 볼 수 있습니다. 아이콘 옆에 있는 숫자는 현재 접속하고 있는 방문자 수를 뜻해요. 방문자가 많을 때는 이름을 검색해 찾을 수도 있어요. 목록에서 방문자를 클릭하면 [Locate on map, Follow ...]와 같은 여러 메뉴를 볼 수 있어요. 각 메뉴가 어떤 기능을 갖고 있는지 알아볼까요?

> [Remote Office]와는 기능이 조금씩 다를 수 있어요.

❶ [Message]: 1:1 메시지를 전송할 수 있습니다.

❷ [Locate on map]: 혼잡한 공간에서 이 방문자가 어디에 있는지를 알려 줍니다. 위치 표시를 중단하려면 [Stop locating]을 클릭하세요.

❸ [Follow]: 공간이 넓고 방문자가 많을 때 길을 잘 아는 친구를 믿고 [Follow]를 눌러 보세요. 여러 명의 방문자가 한 명을 동시에 [Follow]하면 피리 부는 사나이처럼 아바타들을 이끌고 다닐 수 있답니다.

❹ [Request to Lead]: 길을 찾지 못할 때 다른 사람에게 내 아바타를 이끌어 달라고 요청하는 기능입니다.

❺ [Spotlight]: 공간에 있는 모든 사람에게 목소리를 전달할 수 있도록 관리자가 특정 방문자에게 확성기를 주는 기능입니다. 할 말이 끝나면 [Unspotlight]를 눌러 확성기를 비활성화하세요.

❻ [Invite]: 내 공간에 다른 사람을 초대할 수 있는 링크를 만들 수 있습니다. 초대 링크는 1일부터 1달까지 유효 기간을 설정할 수 있어요. 초대하고 싶은 친구의 계정을 입력해 초대 메일을 보내거나 초대 링크를 복사해 친구에게 전해 줄 수 있답니다.

컨트롤 메뉴 알아보기

게더타운 홈 화면 아래, 로고 오른쪽에는 컨트롤 메뉴들이 자리하고 있답니다. 이곳에는 어떤 메뉴들이 있는지 하나씩 알아볼게요.

❶ [Character]: 카메라를 연결했다면 영상이 나오고, 연결한 카메라가 없다면 아바타가 보일 거예요. 카메라 위에 마우스 포인터를 얹으면 화면이 확대되고 화면 크기를 고정·확대할 수 있는 아이콘을 볼 수 있습니다.

❷ [Personal menu]: 계정, 상태 정보, 아바타 편집, 방해 금지 모드, 입장 지점으로 돌아가는 Respawn 기능 등이 있습니다.

❸ [Microphone/Camera]: 마이크/비디오(카메라)를 켜고 끌 수 있습니다.

❹ **[Emoji]:** 아바타의 머리 위에 이모티콘을 띄울
수 있습니다. 채팅보다 간단하게 감정을 표현할
수 있어요. 다른 이모티콘은 일정 시간이 지나면
사라지지만, '손들기' 이모티콘은 일정 시간이 지나도 사라지지 않습니다. 질문이 해결되면 [Clear]를
눌러 이모티콘을 지우세요.

ℹ️ 공간 관리자가 아닌 방문자일 때는 [Emoji] 오른쪽에 [Open to chat]이라는 아이콘을 볼 수 있어요. 이 아이콘을 클릭하면 아바타 머리 위에 "Come say hi!"라는 문구를 띄울 수 있습니다. [Remote Work]에서는 보이지 않는 기능이에요.

❺ **[Screenshare]:** 내 화면을 다른 방문자와 공유할 수 있습니다. 화면뿐 아니라 오디오까지 공유할 수 있어서 화상 회의를 할 때 유용합니다.

❻ **[Self Spotlight]:** 공간 모든 사람에게 말을 전달할 수 있습니다.

❼ **[Minimap]:** 공간의 전체를 한눈에 볼 수 있습니다.

❽ **[Photo Mode]:** 현재 화면을 사진으로 촬영할 수 있습니다. 촬영 후 이미지를 내려받을 수 있어요.

하면 된다! ⑥ 내 공간에 이벤트 열기

실습 파일 | 첫째 마당/2/랜딩 페이지.jpg

01 이벤트 생성하기

내 공간에서 특별한 이벤트를 열고 싶나요? 그렇다면 게더타운에서 제공하는 이벤트 기능을 활용해 보세요. 손에 익으면 간단하지만, 과정이 조금 길 수 있으니 차근차근 따라 해보세요. 먼저 게더타운의 메인 화면 위쪽에 있는 [Events → Create Event]를 클릭하세요.

ⓘ [Explore → Create → Create an Event]를 클릭해도 됩니다.

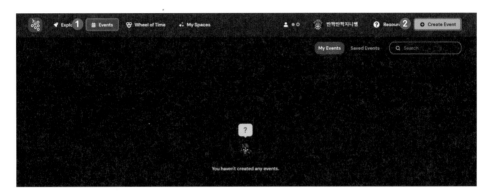

02 이벤트 카테고리 설정하기

이제 게더타운에서 이벤트 공간을 만들어 볼까요? [WELCOME TO GATHER] 창 오른 쪽 아래 화살표를 누르면서 이벤트의 목적, 카테고리, 참가자 수 등을 설정해 볼게요.

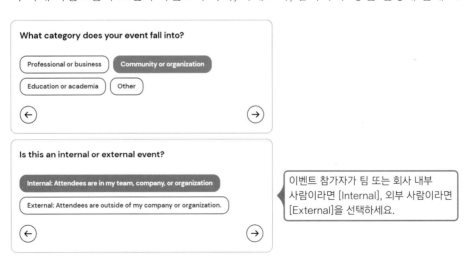

이벤트 참가자가 팀 또는 회사 내부 사람이라면 [Internal], 외부 사람이라면 [External]을 선택하세요.

방문자가 25명 이상이라면 유료 결제가 필요합니다. 결제 전까지 이벤트가 생성되지 않아요!

03 템플릿으로 이벤트 공간 생성하기

모든 항목을 선택하면 맨 마지막에 이벤트 공간을 새로 만들 것인지, 만들어 둔 공간과 연결할 것인지 선택할 수 있어요. 공간을 만들 때처럼 템플릿을 활용할 수

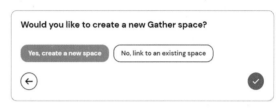

있답니다. [Yes, create a new space]를 선택하면 앞서 선택한 이벤트 공간의 카테고리와 참가자 수에 따라 적절한 공간을 추천해 줍니다. 원하는 템플릿을 공간에 추가할 수 있어요. 템플릿 아래에 있는 [-/+]를 눌러 공간을 추가하거나 삭제할 수 있어요. 모두 추가했다면 오른쪽 아래에 있는 [Finish adding rooms]를 클릭해 완성해 주세요.

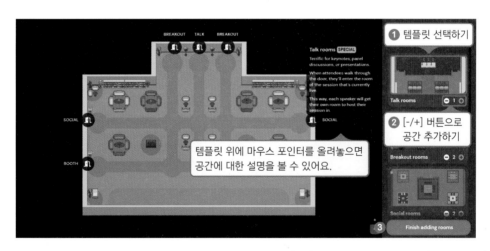

04 이벤트 공간 정보 입력하기

공간 추가를 마치면 [Build your event space]로 이동합니다. 이곳에서 이벤트 정보를 입력할 수 있어요. [Event name]에는 이벤트 이름, [Event start/end]에는 이벤트 시작 일시와 종료 일시를 입력하세요. 모든 입력을 마쳤다면 [Create event]를 클릭해 이벤트 공간 만들기의 첫 단계를 끝내세요.

ℹ️ 공간 이름과 마찬가지로 이벤트 이름도 영문과 숫자만 입력할 수 있어요.

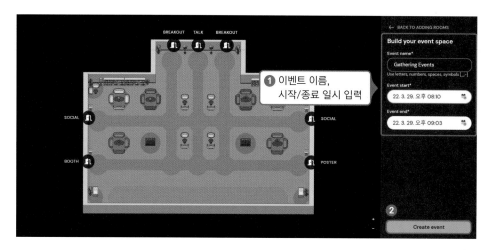

05 이벤트 공간 설정하기

이제 이벤트 공간을 세세하게 설정해 볼까요? 공간 생성이 끝나면 제일 먼저 [Share checklist with collaborators] 창이 뜹니다. 이벤트 공간을 함께 설정할 사람의 메일 주소를 입력해 초대할 수 있어요. 초대할 사람의 메일 주소를 [Add collaborator] 창에 입력하거나 없으면 오른쪽 상단의 [X]를 누르세요.

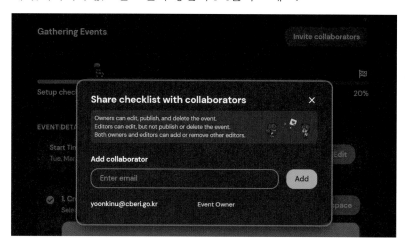

06 이제 안내를 따라 하나씩 체크리스트를 채워 보겠습니다. 1번 항목은 앞서 이벤트 공간을 만들면서 설정한 이벤트 기간, 참가자 수로 이미 채워져 있어요. [Edit]를 눌러 언제든 변경할 수 있습니다.

07 1번은 채웠으니 2번부터 차례대로 보겠습니다. [2. Add your event schedule]은 이벤트 공간에 따라 세션을 추가할 수 있습니다. 규모가 큰 이벤트에선 여러 연설자가 같은 시간, 다른 공간에서 강연을 하거나 방마다 다른 주제로 행사를 진행하기도 하죠. 바로 이때 세션이 필요해요. 오른쪽에 있는 [Add session]을 클릭하세요.

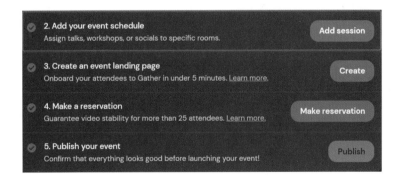

08 스케줄 설정 창으로 이동합니다. [Schedule]에서 세션을 추가하고 [Rooms]에서 해당 세션을 진행할 공간을 선택한 다음 일정과 주제 등을 입력하고 [Save]를 눌러 주세요. 만든 세션을 확인하고 오른쪽의 [Back to checklist]를 클릭해 체크리스트로 돌아갑니다.

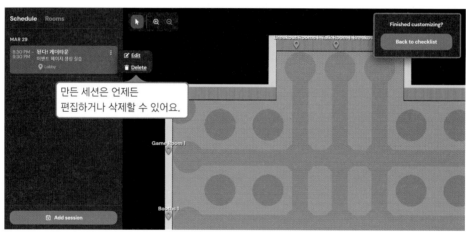

09 랜딩 페이지 만들기

이제 [3. Create an event landing page] 오른쪽의 [Create]를 눌러 랜딩 페이지를
만들어 볼게요.

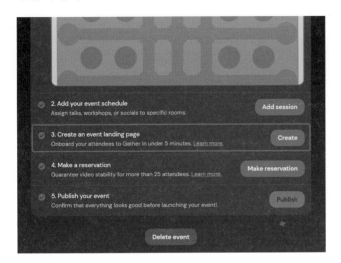

10 랜딩 페이지는 공간을 방문한 사람이 제일 먼저 보는 화면을 뜻해요. 이벤트 페이
지의 얼굴이라고도 할 수 있죠. 여기서는 이벤트의 특성을 잘 드러낼 이미지를 사용
할게요. 준비된 실습 파일 첫째 마당/2/랜딩 페이지.jpg를 끌어오세요.

🖐 랜딩 페이지에 사용할 수 있는 이미지 파일은 비율 16:9, 크기는 2MB를 넘지 않아야 합니다.

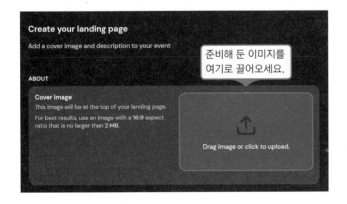

11 이벤트 상세 설정하기

랜딩 페이지까지 꾸몄으니 이제 이벤트 상세 설정을 입력하겠습니다. [Event Host]에 이벤트 주최자의 이름을 입력한 후 [Description]에 이벤트 참가자에게 전달할 내용을 적으세요.

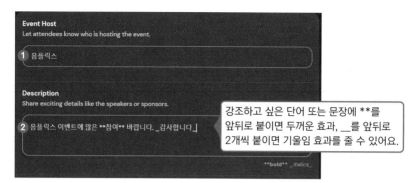

강조하고 싶은 단어 또는 문장에 **를 앞뒤로 붙이면 두꺼운 효과, __를 앞뒤로 2개씩 붙이면 기울임 효과를 줄 수 있어요.

12 [Event Access]에서는 이벤트 공간을 여닫는 기간을 설정할 수 있어요. 방문자가 입장할 수 있는 시간을 제한하려면 [Space opens to attendees] 또는 [Space closes to attendees]에 시간을 입력하고 [Tags]에는 이 공간을 대표하는 키워드를 입력하세요. 마지막으로 [Save]를 눌러 저장하세요.

ⓘ 시간을 반드시 설정해야 이벤트 공간을 저장할 수 있어요.

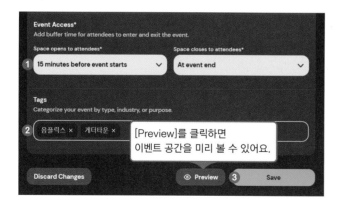

[Preview]를 클릭하면 이벤트 공간을 미리 볼 수 있어요.

13 이벤트 페이지 생성하기

다시 체크리스트로 돌아와 [4. Make a reservation]으로 이벤트 페이지를 생성하겠습니다. 혹시 이 버튼이 활성화되지 않는다면 참가자 수를 25명 이상으로 설정하진 않았는지 확인하세요. 한 공간에 참가자가 25명 이상일 땐 게더타운의 요금 정책에 따라 요금을 지불해야만 이벤트 페이지를 생성할 수 있어요. 대규모 이벤트를 개최할 예정이라면 오른쪽의 [Make reservation]을 클릭해 [Space dashboard]에서 요금을 지불해 주세요. 참가자 수가 25명 이하라면 이벤트의 참가자 수를 변경해 주세요.

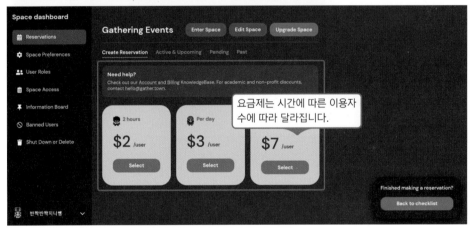

14 이벤트 페이지 발행하기

드디어 체크리스트의 마지막 항목 [5. Publish your event]입니다. 오른쪽의 [Publish]를 누르면 최종 정보를 확인하고 만들 이벤트 공간을 미리 볼 수 있어요. 모두 확인했다면 맨 아래 [Publish event]를 눌러 이벤트 페이지를 발행하세요.

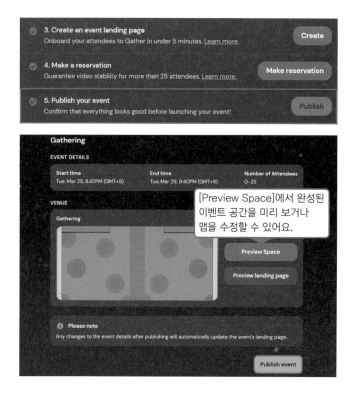

15 참가자 초대하기

자, 이렇게 이벤트 만들기를 완성했습니다. 이제 이벤트 소식을 사람들에게 알려야겠죠? [Copy link]를 눌러 이벤트 공간으로 연결되는 주소를 공유하거나 아래 SNS 아이콘을 눌러 SNS 게시글로 공유하거나 또는 이메일로도 공유해 보세요.

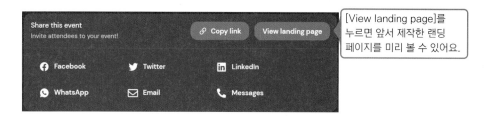

16 이벤트 확인하기

이벤트가 잘 생성됐는지 확인해 볼까요? 왼쪽 위의 [BACK TO MY EVENTS]를 눌러 [Events] 페이지로 돌아가면 이벤트가 생성된 것을 확인할 수 있어요.

ⓘ 이벤트를 운용하는 동안에는 언제든지 세부 사항을 수정할 수 있어요.

17 [Preview]를 클릭하면 랜딩 페이지와 이벤트 시간, 참여할 수 있는 [Join Event] 버튼을 볼 수 있어요. 아래에는 [Tags]에 입력한 키워드와 [Description]에 입력한 이벤트 설명을 볼 수 있습니다. 이렇게 이벤트 생성을 완료했습니다. 어떤 이벤트를 열 수 있을지 무척 기대되죠?

ⓘ 이벤트 공간에서 맵 메이커를 열어 공간을 수정할 수도 있어요. 맵 메이커에 대한 자세한 내용은 '2-4 맵 메이커 이해하기'를 참고하세요.

나도
크리에이터!

내 공간에 딱 맞는 설정을 해보세요!

여러분이 만들려는 공간에는 몇 명의 사용자가 방문할 예정인가요? 추가 관리자가 필요하지는 않나요? 캘린더와 연동은요? 어떤 공간을 만들 것인지 생각했다면 이제 그것에 맞는 공간을 설정해 보세요. 설정은 언제든지 변경할 수 있으니 걱정하지 말고 나에게 가장 편한 공간을 만들어 보세요.

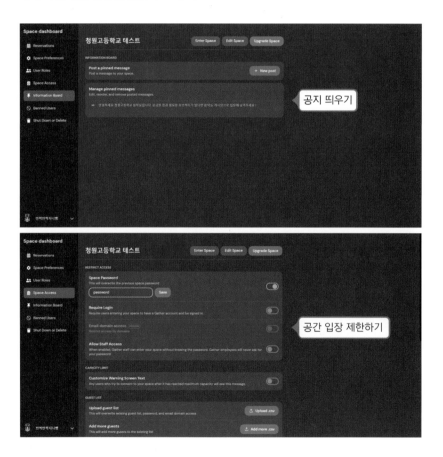

02-4

맵 메이커 이해하기

원하는 대로 공간을 만들 수 있는 마법 같은 공간으로 여러분을 초대합니다. 바로 맵 메이커로 말이죠. 맵 메이커는 공간을 새롭게 설계하거나 증축하는 등 말 그대로 맵을 만드는 곳입니다. [⚙ Settings → Space] 탭에서 [Space Customization → Customize Space] 아래에 있는 [Open Mapmaker]를 클릭해 맵 메이커로 이동하겠습니다.

🔔 화면 아래쪽 로고 메뉴에서 [⚒ → Edit in Mapmaker]를 클릭해도 맵 메이커로 이동할 수 있어요.

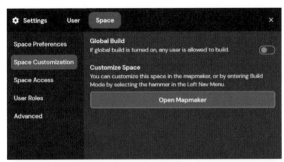

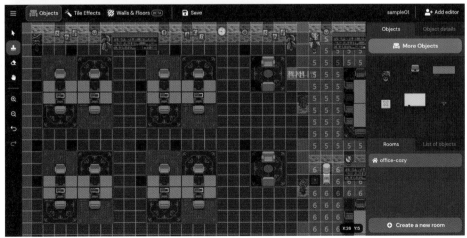

이곳이 바로 맵 메이커입니다. 우리가 만든 공간 위에 격자 무늬가 깔려 있고, 홈페이지 화면에서는 볼 수 없던 여러 아이콘이 있죠. 화면 위에 있는 메뉴 탭부터 순서대로 알아볼까요?

메뉴 탭 알아보기

❶ **[Objects]**: 오브젝트를 삽입하거나 지울 수 있는 탭입니다. 공간에 물건을 배치하거나 꾸밀 때는 [Objects] 탭이 활성화돼 있어야 해요.

❷ **[Tile Effects]**: [타일 효과] 탭입니다. 통과하지 못하는 타일, 처음 진입하는 타일, 다른 공간으로 이동하는 타일 등을 설정할 수 있습니다.

❸ **[Walls & Floors]**: 벽과 바닥 타일을 꾸미는 탭입니다. 아직 베타 버전으로, 사용자가 지정한 이미지를 배경으로 사용하면 이미지가 사라질 수 있으니 주의하세요.

❹ **[Save]**: 저장 기능입니다. 맵 메이커는 변경 사항을 자동으로 저장하지 않으니 맵을 변경했다면 반드시 이 버튼을 눌러 저장하세요.

❺ **[Add editor]**: 공간 편집자를 추가하는 기능입니다. 공간의 [Setting]에서도 협업자를 추가할 수 있지만, 맵 메이커에서도 이 기능을 활용할 수 있습니다.

도구 창 알아보기

❶ **[선택(Select)]**: 선택 도구입니다. 공간의 오브젝트를 선택할 수 있어요.

❷ **[도장(Stamp)]**: 도장 도구입니다. 공간에 오브젝트를 추가하거나 타일을 추가할 수 있어요.

❸ **[지우개(Erase)]**: 지우개 도구입니다. 공간의 오브젝트나 타일을 지울 수 있어요.

❹ **[손(Hand)]**: 손 도구입니다. 공간을 이리저리 움직이며 곳곳을 알아볼 수 있어요.

❺ **[확대·축소]**: 공간을 확대·축소할 수 있어요.

❻ **[실행 취소·다시 실행]**: 직전에 한 행동을 실행 취소하거나 실행 취소한 행동을 다시 실행할 수 있어요.

속성 창 알아보기

맵 메이커 화면 오른쪽에서는 속성 창을 볼 수 있습니다. ❶ [Obejcts] 탭에서 [More objects]를 클릭해 공간에 오브젝트를 추가할 수 있어요.

❷ [Object detalis] 탭은 [선택] 도구를 선택하고 맵의 오브젝트를 클릭하면 해당 오브젝트의 정보를 볼 수 있어요. 여기서 배치한 오브젝트의 색상을 변경하거나 회전하는 등의 기능을 이용할 수 있어요.

ⓘ 다양한 오브젝트를 활용하는 방법은 '3. 맵 메이커와 친해지기'를 참고하세요.

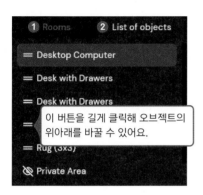

그 아래에는 [Rooms]와 [List of objects] 탭이 있습니다.

❶ [Rooms]: 우리가 만든 공간에 어떤 방이 있는지를 보여줍니다. 이 공간에 새로운 방을 마음대로 만들 수 있어요. 심지어 건물을 10층까지 올릴 수도 있답니다!

❷ [List of objects]: 해당 타일에 놓인 모든 오브젝트를 알려 줍니다. [선택] 도구를 클릭하고 사무실에 있는 컴퓨터를 선택하세요. 한 타일 위에 놓인 러그, 책상, 컴퓨터 등 모든 오브젝트 목록을 볼 수 있어요.

확장 메뉴 알아보기

왼쪽 상단에 있는 ▤를 누르면 이동, 이미지 불러오기, 확장 기능 설정 등 다양한 기능이 담겨 있습니다. 하나씩 살펴볼까요?

❶ [Go to Space]: 공간으로 입장합니다.

❷ [Manage Space]: 이 공간의 대시보드로 이동합니다.

❸ [Help Center]: 게더타운의 Help Center로 이동합니다.

❹ [Background & Foreground]: 배경 및 전경 이미지를 불러오거나 내려받을 수 있습니다.

❺ [Extension Settings]: 확장 기능을 설정할 수 있습니다. 베타 기능에 포함된 비밀번호 입력 문, 자라나는 식물 등 여러 오브젝트와 다양한 기능을 사용하려면 [Activate Extension → Apply changes]를 눌러 확장 기능을 설정하세요.

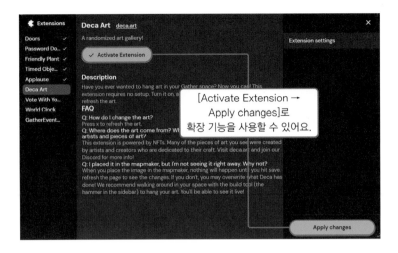

[Activate Extension →
Apply changes]로
확장 기능을 사용할 수 있어요.

지금까지 공간을 꾸미는 맵 메이커의 기능을 하나씩 살펴봤는데, 맵 메이커는 공간을 꾸미는 기능 외에 공간을 추가하는 기능도 있답니다. 맵 메이커로 앞서 우리가 만든 작은 사무실에서 벗어나 바깥 공기를 마실 수 있는 루프탑을 만들어 볼까요?

하면 된다! ⟩ 사무실에 루프탑 만들기

01 새로운 방 추가하기

화면 오른쪽에 있는 속성 창에서 [Rooms] 탭을 클릭하면 만들어 둔 [office-cozy]라는 공간 하나만 보입니다. 아래쪽에 있는 [Create a new room]을 클릭하면 새로운 방 이름을 입력할 수 있는 공간이 생깁니다. 이곳에 '루프탑'을 입력하고 **Enter** 를 눌러 보세요.

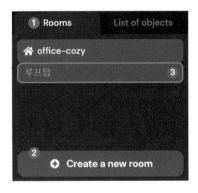

ℹ️ 새롭게 방을 추가할 때는 한글로 이름을 입력해도 된답니다. 단, 한 번 입력한 이름은 수정할 수 없어요.

02 새 공간을 만들면 [Create A New Room]이라는 창과 3개의 선택지를 볼 수 있습니다. 왼쪽부터 차례대로 [Create a blank room]은 빈 방, [Choose from template]은 템플릿으로 만드는 방, [Choose from an existing space]는 사용자가 만들어 둔 다른 방을 불러오는 것입니다. 여기서는 [Choose from template]을 선택할게요.

03 템플릿 창이 열리면 rooftop이라는 공간을 찾아 선택하세요. 잠시 기다리면 내 공간에 루프탑이 생깁니다. [Rooms] 목록에도 루프탑이 새롭게 생긴 것을 볼 수 있어요.

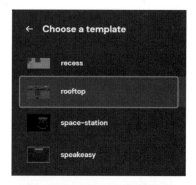

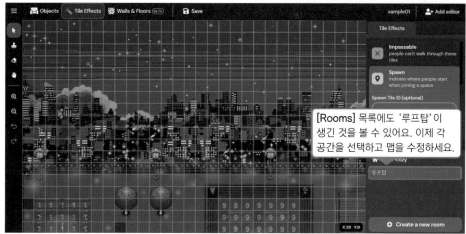

[Rooms] 목록에도 '루프탑'이 생긴 것을 볼 수 있어요. 이제 각 공간을 선택하고 맵을 수정하세요.

04 포털로 공간 연결하기

사무실과 루프탑으로 2개의 공간이 생겼지만, 아직까지는 각각 독립적인 공간입니다. 이 둘을 연결해야 사무실에서 루프탑으로 올라갈 수 있겠죠? 공간과 공간을 연결하려면 포털을 연결해야 합니다. 포털을 설치하려면 맵 메이커의 위쪽에 있는 메뉴 탭에서 [Tile Effects]를 선택한 후 맵 메이커 화면의 오른쪽 창에서 [Tile Effects → Portal]을 선택하세요.

ℹ️ 포털을 설치하는 자세한 방법은 '6 입체감을 살린 2.5D 공간 만들기'를 참고하세요.

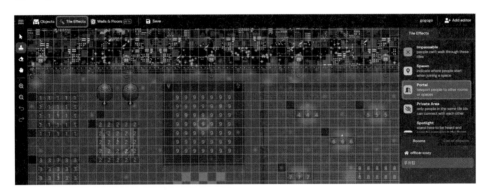

05 루프탑의 출입구로 적당한 타일을 찾아 클릭하세요. 여기서는 입구 포털을 설치할 거예요. 타일을 클릭하면 [Pick portal type]이라는 창이 나타납니다. 어떤 형태로 포털을 추가할 것인지 묻는 창이에요. [Portal to a room]은 같은 공간의 다른 방, [Porta to another space]는 다른 공간과

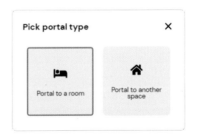

연결합니다. 우리는 같은 공간의 사무실과 연결할 것이므로 [Portal to a room]을 클릭하세요.

06 공간의 어떤 방과 연결할 것인지를 묻는 창이 나타납니다. [office-cozy]를 선택하면 맵 메이커가 사무실로 이동합니다. 이제 루프탑에서 [Portal] 타일을 밟았을 때 사무실에서 나오는 출구 포털을 설치할 거예요. 이와 마찬가지로 루프탑에서 사무실로 내려왔을 때 밟을 적당한 타일을 선택하세요.

07 이렇게 루프탑에서 사무실로 가는 포털을 완성했어요. 그런데 사무실에서 루프탑으로는 어떻게 가야 할까요? 포털은 단방향이기 때문에 양쪽 공간을 오가려면 또 다시 사무실에서 루프탑으로 가는 포털을 설치해야 합니다. 마찬가지로 맵 메이커에서 [Tile Effects → Portal]을 선택해 사무실에 입구 포털, 루프탑에 출구 포털을 만들어 완성하세요.

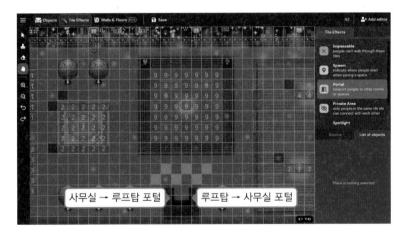

08 공간으로 돌아가기

맵 수정을 모두 마쳤다면 반드시 [Save]로 저장하고 화면 왼쪽 위에 있는 [☰ → Go to Space]를 클릭해 공간으로 돌아가 보세요. 사무실에서 루프탑으로 나오니 신선한 바람도 쐴 수 있어서 좋죠?

사무실에 게임방이 있다면? 새로운 공간을 만들고 꾸며 보세요!

지루하기 짝이 없는 사무실에 게임방이 생긴다면? 상상만 해도 너무 신나지 않나
요? 템플릿을 활용해 앞서 만들어 둔 오피스 공간에 게임방을 만들고 꾸며 보세요.
[Create A New Room]으로 새로운 공간을 만들고 [game room - large]를 불러오
면 사무실 속 게임방이 완성! 상상만 하던 공간을 직접 만들고 꾸며 보세요.

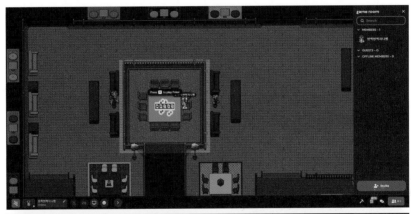

02-5

내 공간 관리하기

여러 개의 공간 중 하나를 지우고 싶을 때는 어떻게 해야 할까요? 또는 공개한 공간을 잠시 닫아 두고 싶다면 어디서 관리해야 할까요? 게더타운에서는 전체 공간 그리고 개별 공간을 관리할 수 있도록 대시보드 기능을 제공하고 있습니다. 이번에는 열심히 만든 공간을 관리하는 방법을 알아보겠습니다.

게더타운 홈페이지 화면에서 [My Spaces]를 클릭하면 각 공간의 아래에서 ⋮를 볼 수 있어요. 이 아이콘을 클릭하면 공간 관리 메뉴가 있는 [Manage Space], 공간을 수정할 수 있는 [Edit Map] 그리고 공간으로 접속할 수 있는 링크를 복사하는 [Copy URL]이라는 3개의 메뉴를 볼 수 있습니다. 이 중 공간을 관리할 때 주로 사용할 [Manage Space]를 알아볼게요.

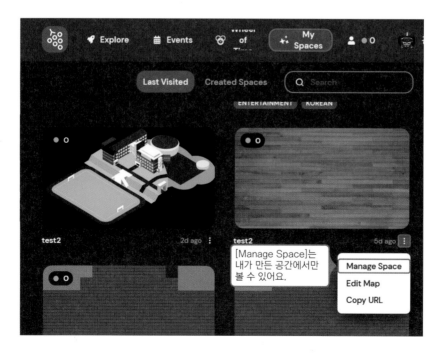

[Manage Space]를 클릭하면 게더타운의 대시보드, [Space dashboard]로 이동합니다. 화면의 왼쪽에서는 대시보드의 메뉴, 가운데의 위쪽에는 공간 이름과 공간으로 이동·수정 기능, 가운데의 아래쪽에는 왼쪽에서 선택한 메뉴의 세부 기능을 볼 수 있어요. 메뉴마다 어떤 기능이 있는지 하나씩 알아보겠습니다.

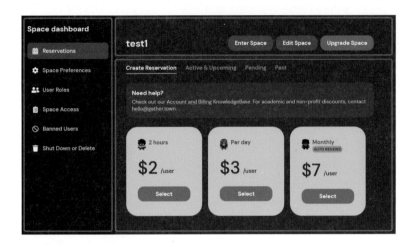

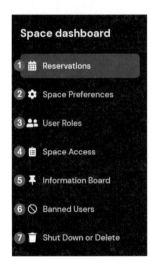

❶ [Reservations]: 게더타운의 계정 및 결제 관련 메뉴입니다. 공간을 상업적으로 사용하거나 권장 인원인 25명이 넘을 때 이곳에서 인원당 비용을 시간별로 지불해 공간을 원활하게 이용할 수 있습니다.

ⓘ 학교 수업과 같이 비상업적으로 이용할 때는 hello@gather.town으로 메일을 보내 할인을 받을 수 있어요.

❷ [Space Preferences]: 공간과 관련된 여러 기능을 관리하는 메뉴입니다. 게더타운과 캘린더를 연동하거나 채팅방 상단에 고정되는 공지사항을 입력하는 등 소통과 관련된 다양한 기능이 있어요.

ⓘ 이 기능은 공간의 [Settings] 메뉴에서도 이용할 수 있어요. 공간의 기본 기능에 대한 자세한 설명은 '2 나만의 공간 만들기'를 참고하세요.

❸ [User Roles]: 말 그대로 사용자의 역할을 지정하는 메뉴입니다. 방문자인 Membership과 공간을 함께 관리할 Space Members를 초대할 수 있어요. Space Members의 권한은 Admin관리자과 Builder건축가로 나뉩니다. Admin은 맵 메이커를 비롯해 공간 설정, 사용자 관리까지 모든 설정에 접근할 수 있고, Builder는 맵 메이커에만 접근할 수 있습니다. 여러 명이 협업해 공간을 제작할 때 유용하게 활용해 보세요.

❹ **[Space Access]**: 공간에 접근하는 사용자의 보안 단계를 지정할 수 있는 메뉴입니다. [Space Password]로 공간에 비밀번호를 설정하거나 [Require Login]으로 로그인한 사용자만 방문할 수 있도록 제한할 수도 있습니다. 방문자가 많을 때는 방문자의 연락처를 CSV 파일로 업로드해 관리할 수 있습니다.

❺ **[Information Board]**: 로고 메뉴의 [Information Board]와 같은 기능으로, 공간 방문자들에게 보일 공지, 안내 등을 입력할 수 있습니다.

❻ **[Banned Users]**: 내 공간에 방문하는 것을 원하지 않는 사용자의 IP나 아이디를 입력해 차단할 수 있습니다.

❼ **[Shut Down or Delete]**: 공간을 닫거나 삭제할 수 있습니다. [Shut Down]은 공간에 일시적인 문제가 생겼거나 이벤트 준비 등으로 다른 사람의 접속을 막고 싶을 때 사용하는 기능이에요. [Shut Down]을 활성화하면 셧다운 버튼이 [Re-Open]으로 전환되면서 다른 사용자가 공간에 접속할 수 없어요.

[Delete Space]는 그대로 공간을 삭제하는 기능입니다. 한 번 공간을 삭제하면 되돌릴 수 없으니 삭제할 공간이 맞는지, 공간을 이용하고 있는 사용자는 없는지 등을 반드시 확인하세요.

혼자 꾸미기 막막할 땐? 동료 건축가를 초대해 봐요!

넓은 공간을 혼자 꾸미고 디자인하려면 시간이 꽤 걸린답니다. 동료와 함께 공간을 만
든다면 시간도 단축되고 더 많은 아이디어를 얻을 수 있어 효율성이 높아지겠죠? 게더
타운 홈 화면에서 [Manage Space]를 누르고 [Space dashboard]로 이동한 다음
[User Roles]에서 동료 Builder를 초대해 봅시다.

먼저 [Assign roles]에 초대할 동료의 메일 주소를 입력하세요. 메일 주소는 게더타
운에 가입한 계정이어야 바로 수락하고 공간을 관리할 수 있겠죠? 그런 다음 아래에서
[Builder]로 역할을 선택하고 바로 오른쪽에 있는 [Add people]을 눌러 주세요. 입력
한 동료의 메일로 초대 메일이 발송됩니다. 친구가 [Builder] 역할을 수락하면 그때부
터 이 공간을 함께 꾸밀 수 있어요!

둘째 마당

공간의 핵심,
오브젝트의 모든 것

첫째 마당에서는 게더타운 계정을 만들어 아바타를 꾸미고 공간
을 만드는 법을 알아봤어요. 이 밖에 오브젝트와 맵 메이커도 가볍
게 훑어봤죠. 둘째 마당에서는 공간의 핵심 요소인 '오브젝트'를
자세히 알아보고 직접 만들어 볼 거예요. 이렇게 만든 오브젝트를
다양하게 활용하는 실습도 준비했으니 차근차근 따라해 보세요.

03 • 맵 메이커와 친해지기

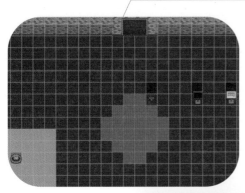

04 • 세상에 하나뿐인 나만의 오브젝트 만들기

03

맵 메이커와 친해지기

게더타운의 가장 큰 장점 중 하나가 게임하듯이 나만의 공간을 쉽게 꾸밀 수 있다는 것입니다. 이제 본격적으로 게더타운의 공간을 꾸미는 도구 '맵 메이커'를 이용해 공간을 예쁘게, 또 풍부하게 만드는 방법을 알아볼게요.

03-1

기본 도구 손에 익히기

이제 공간을 꾸며 볼 시간이에요. 나만의 공간을 꾸민다는 건 언제나 신나는 일이죠. 공간을 만들거나 수정하는 데는 게더타운의 화면 오른쪽 아래에 있는 도구 상자에서 🏹를 누르거나 첫째 마당에서 다뤘던 맵 메이커를 활용하는 방법이 있어요. 🏹는 쉽고 빠르게 수정할 수 있다는 장점이 있지만, 벽이나 바닥 또는 포털을 배치하려면 반드시 맵 메이커를 이용해야 해요. 공간을 본격적으로 설계하고 싶다면 맵 메이커를 사용하는 것이 좋겠죠?

ℹ️ 맵 메이커의 메뉴에 대한 자세한 내용은 '2-4 맵 메이커 이해하기'를 참고하세요.

벽, 바닥, 포털 또는 오브젝트를 정확히 배치하려면 '맵 메이커'를 사용해요.

🏹를 이용하면 오브젝트를 빠르게 추가하거나 제거할 수 있어요.

🏹와 맵 메이커

맵 메이커의 핵심 기능은 바로 오브젝트 object입니다. 오브젝트는 공간을 꾸미는 물건일 뿐 아니라 외부 사이트를 연결해 공간을 방문한 사용자와 상호 작용하는 역할도 한답니다. 따라서 공간을 만들기 전에 이 공간이 어떤 목적을 갖고 있는지 설정하고, 여기에는 어떤 오브젝트가 필요한지 미리 생각해 둬야 해요. 물론 배치를 한 후에도 수정할 수 있으니 공간을 만들면서 역할을 부여해도 좋아요.

첫째 마당에서는 맵 메이커를 가볍게 둘러보고 어떤 기능이 있는지 살펴봤으니 이제 하나하나 따라해 보면서 손에 익혀 보세요.

하면 된다! } 도구 창 활용하기

01 맵 메이커 열기

앞에서 템플릿으로 만든 나의 작은 사무실을 맵 메이커를 이용해 좀 더 꾸며 볼게요. 사무실 맵에서 화면 오른쪽 아래에 있는 [↗ → Edit in Mapmaker]를 클릭하거나 [메인 메뉴 → ⚙ Settings → Space → Space Customization → Open Mapmaker] 를 클릭하세요.

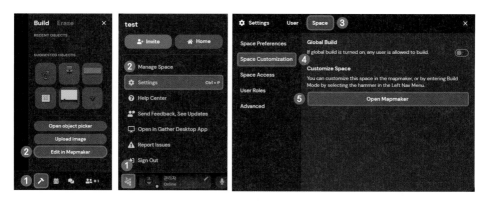

02 오브젝트 배치하기

맵 메이커가 열리면 왼쪽 위에 있는 메뉴 탭은 기본적으로 [Objects]가 선택돼 있고, 화면 왼쪽에는 도구 창, 오른쪽에는 오브젝트 속성 창을 볼 수 있습니다. 그럼 바로 오브젝트를 배치해 볼까요? 속성 창에서 가장 먼저 보이는 화분 오브젝트를 한 번 클릭한 후 배치할 바닥 타일을 클릭하세요.

03 오브젝트 옮기기

오브젝트가 원하는 위치에서 조금 벗어났나요? 걱정하지 마세요! 오브젝트를 배치한 후에도 쉽게 삭제하거나 위치를 옮길 수 있어요. 왼쪽에 있는 도구 창에서 █를 선택하고 오브젝트를 끌어 보세요.

ℹ️ █의 단축키는 키보드의 Ⓥ 입니다.

04 오브젝트 여러 개 배치하기

이번에는 오브젝트를 여러 개 배치해 볼까요? 다시 오른쪽에 있는 속성 창에서 화분을 선택한 후 원하는 타일 위에 놓으세요. 왼쪽에 있는 도구 창을 보면 █가 선택된 것을 볼 수 있어요. █는 오브젝트를 생성하면 기본으로 선택되는 도구로, 도구를 바꾸지 않는 한 계속 같은 오브젝트를 놓을 수 있답니다. 화분을 여러 개 놓아 보세요.

ℹ️ █의 단축키는 키보드의 Ⓑ 입니다.

05 오브젝트 삭제하기

오브젝트를 여러 개 배치해 봤으니 이번에는 삭제해 볼까요? 도구 창에서 🖤를 선택한 후 삭제할 오브젝트 또는 오브젝트 위에 있는 그림자(어두운 타일)를 클릭하세요. 간단하게 오브젝트를 삭제할 수 있어요.

ⓘ 🖤의 단축키는 지우개를 뜻하는 'Eraser'의 앞글자를 딴 E 예요.

06 맵 이동하기

🖤은 넓은 맵을 이동할 때 사용하는 도구예요. 🖤을 선택하고 맵을 클릭한 채 마우스를 움직이면 원하는 곳으로 이동할 수 있어요.

ⓘ 🖤의 단축키는 손을 뜻하는 'Hand'의 H 입니다!

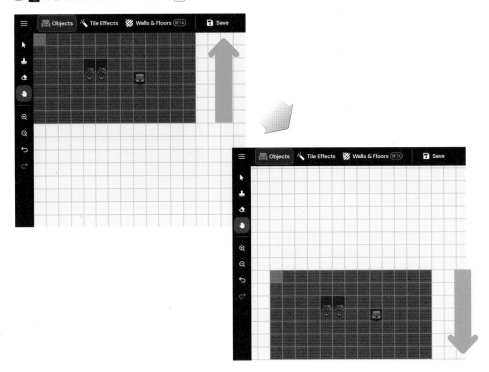

07 맵 확대·축소하기

맵을 확대하거나 축소하고 싶을 때는 도구 창에서 🔍와 🔍를 클릭하세요. 🔍를 선택한 후 화면을 클릭하면 맵이 확대되고, 🔍를 선택하고 화면을 클릭하면 맵이 축소됩니다.

ℹ 🔍나 🔍를 선택하지 않은 상태에서 맵을 확대·축소하려면 [Shift]를 누른 상태로 마우스 휠을 내리거나 올려 보세요. 🔍는 Shift + [휠↑], 🔍는 Shift + [휠↓]로 실행할 수 있어요.

 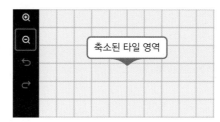

08 되돌리기·재실행하기

오브젝트를 잘못 설치했거나 옮긴 위치를 되돌리고 싶을 때 일일이 다시 배치하거나 삭제하는 것은 무척 번거로운 일입니다. 이럴 때는 간단하게 방금 한 동작을 되돌리거나 재실행할 수 있는 ↩와 ↪를 클릭하세요.

ℹ ↩의 단축키는 Ctrl + Z , ↪의 단축키는 Ctrl + Shift + Z 입니다.

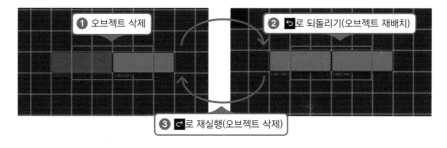

하면 된다! ▷ 속성 창 활용하기

01 오브젝트 속성 알아보기

이제 다른 오브젝트를 알아볼까요? 이번에는 화분 오브젝트 오른쪽에 있는 의자 오브젝트를 배치해 볼게요. 의자 오브젝트를 클릭하면 탭이 [Object details]로 바뀌는 것을 볼 수 있습니다. [Object details]에서는 오브젝트의 방향과 색깔 등을 설정할 수 있어요.

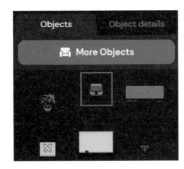 

02 오브젝트 회전하기

오브젝트를 배치하기 전에 배치할 방향을 정하고 싶다면 오브젝트 양옆에 있는 회전 아이콘을 클릭하세요.

ⓘ 오브젝트 회전의 단축키는 R (오른쪽 회전)과 Shift + R (왼쪽 회전)이에요.

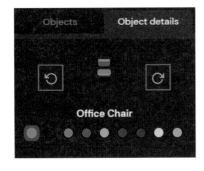 

03 오브젝트 고급 설정하기

[Obeject details] 창의 맨 아래에 있는 [Advanced options]에는 [Object image]와 [Display(start) / Display(end)]가 있습니다. 먼저 [Object image]에는 새로운 이미지 파일을 불러와 완전히 새로운 오브젝트를 만들 수 있어요.

ⓘ [Object image]를 활용하는 방법은 '4 세상에 하나뿐인 나만의 오브젝트 만들기'를 참고하세요.

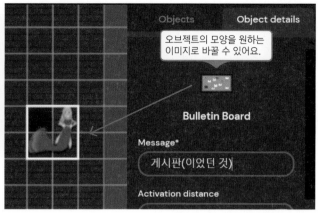

04 [Display(start)] 또는 [Display(end)]에서는 오브젝트를 전시할 기한을 지정할 수 있습니다. 이 기능을 활용하면 이벤트 기간에만 전시되는 특별한 오브젝트를 만들 수 있어요.

03-2

상호 작용 오브젝트와 친해지기

게더타운에서 제공하는 상호 작용 오브젝트

게더타운은 오브젝트를 어떻게 활용하느냐에 따라 같은 공간도 사무실, 교실, 이벤트
홀 등 다양한 형태로 바꿀 수 있습니다. 그만큼 다양한 오브젝트를 지원하고 있죠. 어
떤 오브젝트가 있는지 알아볼까요?

맵 메이커 홈페이지 화면의 오른쪽 위에 있는 [More Objects]를 클릭하면 [Objects]
창이 열립니다. 바로 이곳에서 게더타운에서 제공하는 모든 오브젝트를 볼 수 있어요.

[Objects] 창의 왼쪽에서는 오브젝트의 특성이나 용도에 따라 분류해 둔 항목을 볼
수 있고, 가운데에는 오브젝트, 오른쪽에는 오브젝트에 대한 정보를 보고 설정할 수
있는 [Object Details]를 볼 수 있어요. 스크롤을 내리면서 오브젝트를 살펴보세요.
재미있는 오브젝트가 많죠?

이 중 공간을 꾸밀 때 가장 많이 사용하는 오브젝트는 [Professional Event] 항목에 모여 있어요. 이 항목에는 입간판, 게시판, 쪽지, TV 등 사용자와 가장 많이 상호 작용하는 오브젝트들이 모여 있어요.

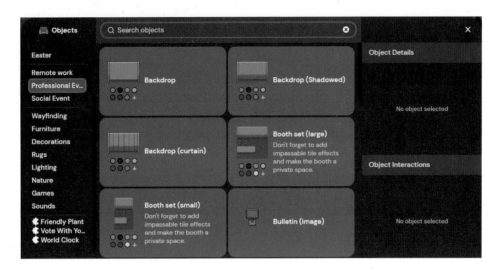

이 오브젝트들은 방문자에게 공간을 안내하는 역할을 합니다. 간단하게 입간판 오브젝트만 잘 활용해도 그럴듯한 공간을 꾸밀 수 있어요.

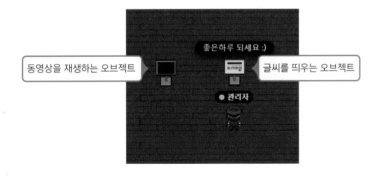

이처럼 간단하게 사용자가 볼 수만 있는 오브젝트도 있지만, 참여할 수 있는 오브젝트도 있습니다. 예를 들어 게더타운 특유의 픽셀 게임같은 그래픽을 살려 간단한 퍼즐 게임을 하거나 악기를 연주할 수 있는 오브젝트도 있는데요. 이 오브젝트들은 [Games] 항목에서 찾을 수 있습니다.

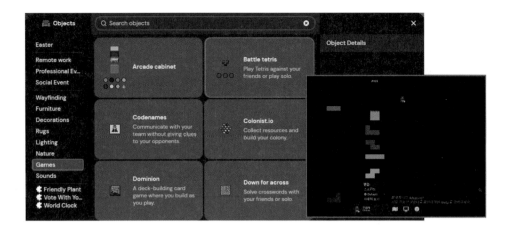

[Piano] 오브젝트는 크롬 뮤직랩의 Shared Piano라는 프로그램과 연동되어 있어 크롬 뮤직랩의 여러 기능을 활용할 수 있어요. 직접 연주한 음악을 녹음해 전송할 수도 있으니 다양하게 활용해 보세요.

사용자가 가까이 다가가면 소리를 내는 방식으로 상호 작용하는 [Sounds] 항목의 오브젝트도 있습니다. 이 오브젝트들은 사용자가 가까이 다가가면 자동으로 소리가 나서 자연스러운 분위기를 연출하는 데 좋아요. 한여름 밤, 모닥불 타는 소리를 들으면서 친구들과 게더타운에서 도란도란 이야기를 나누는 것도 재미있겠죠?

회의실에 빠질 수 없는 소품이 있다면 바로 화이트보드겠죠. 게더타운에서도 이 화이트보드를 회의실에 세워 둘 수 있어요. 화이트보드는 사용자와 소통하면서 실시간으로 화면을 공유할 수 있어 자주 사용하는 오브젝트 중 하나입니다.

회사에서 팀별 회의를 하거나 학교에서 모둠별 토의 수업을 할 때 이런 오브젝트들을 활용하면 무척 유용하겠죠? 이외에도 사용자와 상호 작용할 수 있는 여러 오브젝트가 있으니 하나씩 살펴보세요.

사용자가 만드는 상호 작용 오브젝트

게임, 피아노, 사운드 등 기본적으로 상호 작용하는 오브젝트도 있지만, 아무런 기능이 없는 오브젝트에 웹 사이트의 주소나 이미지, 영상 등 다양한 외부 자료와 연결해 상호 작용 오브젝트를 만들 수도 있어요. 예를 들어 TV 오브젝트에 사용자가 가까이 다가가면 연결해 둔 유튜브 영상이 커지면서 그 영상을 게더타운에서도 볼 수 있는 것이죠! 즉, 아이디어만 있다면 무엇이든 만들 수 있답니다.

오브젝트와 외부 매체를 연결하는 방법은 간단합니다. [Objects] 창에서 오브젝트를 선택하면 화면의 오른쪽에 있는 해당 오브젝트와 외부 매체와 연결할 수 있는 [Object Interactions] 창을 볼 수 있어요. 이곳에서 웹 사이트, 이미지, 영상은 물론, 줌과 같은 외부 프로그램과 게더타운의 세계를 연결할 수 있어요.

그렇다면 [Object Interactions]에 어떤 기능이 있는지 하나씩 알아볼까요?

상호 작용 오브젝트를 배치해도 [No interaction]이면 아무런 일도 일어나지 않아요.

❶ [No interaction]: 말 그대로 상호 작용을 제거하는 기능입니다. 대부분의 오브젝트가 [No interaction]으로 설정돼 있어요. 상호 작용이 기본인 오브젝트도 [No interaction]으로 설정하면 상호 작용하지 않게

되니 오브젝트를 배치하기 전에 [No interaction]으로 설정돼 있는
지 확인하세요.

연결한 홈페이지의 URL이
https로 시작하는지 확인하세요.

❷ [Embedded website]: 웹 사이트와 연결하는 기능입니다. 단, 모
든 웹 사이트와 연결되지는 않습니다. URL이 반드시 https로 시작
해야 하고, 웹 사이트에서 Embedded 설정을 막아 뒀다면 연결되
지 않습니다.

ℹ️ 유튜브, 네이버 등 일부 대형 웹 사이트는 다른 웹 사이트에 연결되지 않도록
Embedded를 막아 두는 경우가 많아요. 이때는 메모를 공유하는 [Note object]로 URL을 공유하는 것도 하나의 방법
이에요.

[Embedded website]를 클릭하면 연결할 링크를 입력하는 [Web
site(URL)]와 [Activation distance]라는 2가지 항목을 볼 수 있
어요. 이 중 [Activation distance]는 '활성화 거리'라는 뜻으로,
오브젝트가 활성화되는 사용자와의 거리를 뜻합니다. 이 값이 0이
면 오브젝트와 완전히 붙어야만 상호 작용할 수 있고, 값이 높을수
록 멀어져도 오브젝트를 활성화할 수 있어요.

ℹ️ [Activation distance]는 이후 상호 작용 오브젝트를 만들 때마다 설정
할 값이니 꼭 기억해 두세요.

❸ [Embedded image]: 외부 이미지와 연결하는 기능입니다.
[Embedded image]를 클릭하면 이미지 파일을 업로드할
[image], 사용자가 활성화 거리에 들어가면 업로드한 이미지
를 미리 볼 수 있는 [Preview image], 활성화 거리를 설정하는
[Activation distance]를 볼 수 있습니다.

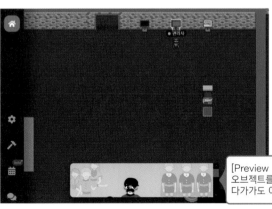

[Preview image]를 설정하면
오브젝트를 활성화하지 않고 가까이만
다가가도 이미지를 미리 볼 수 있어요.

❹ [Embedded video]: 유튜브, 트위치 등과 같은 영상 플랫폼의 URL과 연결해 영상을 보여 주는 기능입니다. 게더타운에서 나가지 않고도 다른 웹 사이트의 영상을 볼 수 있어요.

공간에서 연결한 영상을 볼 수 있어요.

❺ [External call]: 줌, 구글 팀즈와 같은 화상 통화 프로그램과 연결하는 기능입니다. 연결할 프로그램의 URL을 입력하고 활성화 거리를 설정할 수 있어요.

외부 프로그램이 실행되면 게더타운의 마이크와 카메라는 자동으로 꺼집니다.

⑥ [Note object]: 오브젝트에 관리자가 입력한 메시지를 나타내는 기능입니다. 입력란에 원하는 메시지를 입력하면 사용자가 오브젝트와 상호 작용할 때 큰 포스트잇에 입력한 메시지가 나타나요.

ⓘ [Advanced option]으로 활성화 거리의 값을 높게 설정해 사용자가 오브젝트에 가까이만 다가가도 메모를 볼 수 있게 설정할 수도 있어요.

[Object Interactions] 아래에서 [Advanced options]를 클릭하면 오브젝트 고급 설정 기능들을 볼 수 있습니다. 이 기능들은 오브젝트의 종류에 따라 조금씩 달라지지만 기본적으로 다음과 같습니다.

❶ [Prompt message]: 캐릭터가 접근하면 팝업 메시지를 띄웁니다.

❷ [Object image]: 오브젝트의 외형을 원하는 이미지로 변경할 수 있습니다.

❸ [Active image]: 캐릭터가 접근하면 팝업 이미지를 띄웁니다.

❹ [Diplay(start/end)]: 원하는 전시 시작 시점과 종료 시점을 지정할 수 있습니다. 오브젝트는 시작 시점을 시작으로 기간제로 전시되며 종료 시점이 지나면 사라집니다. 이벤트 등에 활용가능합니다.

확장 기능을 활용한 재미있는 오브젝트

맵 메이커에서 왼쪽 위쪽의 ▤를 클릭하면 공간으로 돌아가기, 공간 관리하기 등 여러 메뉴가 있는데요. 이 중 맨 아래 [Extension Settings]에는 확장 기능들이 모여 있습니다. 어떤 기능이 있는지 살펴볼까요? [Extension Settings]를 클릭해 [Extensions] 창을 열어 보세요.

이곳에서 자라나는 식물, 비밀번호로 잠긴 문 등 재미있는 오브젝트는 물론이고 전 세계 게더타운 사용자를 배려한 세계 시계, NFT 전시 등 여러 기능을 활용할 수 있어요.

[Extensions] 창을 보면 왼쪽에는 확장 기능 목록, 가운데엔 선택한 확장 기능에 대한 설명과 [Activate Extension] 버튼 그리고 오른쪽 아래엔 [Apply changes]라는 버튼이 있는데요. 먼저 각 확장 기능이 무엇인지 하나씩 살펴보겠습니다.

ⓘ 해당 확장 기능은 2022년 4월 베타 버전에서 업데이트된 내용으로, 메뉴는 추가·수정될 수 있습니다.

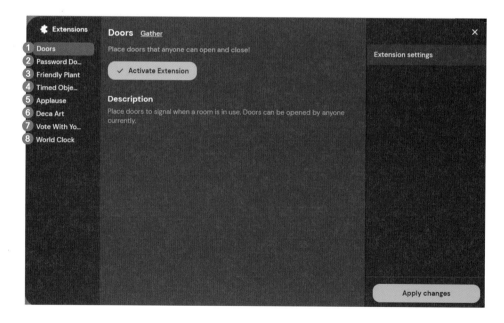

❶ [Doors]: 누구나 여닫을 수 있는 문 오브젝트를 생성합니다.

❷ [Password Doors]: 비밀번호로 열리는 문 오브젝트를 생성합니다.

❸ [Friendly Plant]: 자라나는 식물 오브젝트입니다. ⓧ를 눌러 상호 작용으로 물을 줄 수 있어요.

❹ [Timed Objects]: 시간에 따라 모양과 기능이 바뀌는 오브젝트를 생성합니다.

❺ **[Applause]:** 아바타가 특정 액션을 취할 때 박수 소리와 환호가 들립니다.

❻ **[Deca Art]:** NFT 전시 기능인 Deca.art를 연동해 공간에 전시할 수 있습니다.

❼ **[Vote With Your Feet]:** 특정 타일에 아바타가 서는 것으로 투표를 할 수 있습니다. [Private space]와 연동해 비밀 투표를 할 수 있습니다.

❽ **[World Clock]:** 전 세계 시간을 게더타운에서 확인할 수 있습니다.

확장 기능은 말 그대로 기존에 없던 기능을 확장한 것으로, 원하는 기능을 선택해 추가하는 방식으로 사용할 수 있습니다. 왼쪽 목록에서 원하는 확장 기능을 클릭하고 가운데 [Activate Extension]을 클릭해 보세요. 목록 왼쪽에 체크 아이콘이 추가됩니다. 이렇게 원하는 확장 기능을 추가한 다음 화면 오른쪽에서 [Apply change]를 눌러 적용해 주세요. 추가한 확장 기능을 제거할 수도 있습니다. [Deactive Extension → Apply change]를 클릭해 적용하면 간단하게 확장 기능을 제거할 수 있습니다.

추가한 확장 기능은 오브젝트 창에서 확인할 수 있어요. [Extensions] 창을 끄고 맵 메이커에서 [More Objects → Objects] 창을 열어 보세요. 왼쪽 오브젝트 목록 맨 아래에 이전에는 없었던 확장 기능들이 추가된 것을 볼 수 있어요.

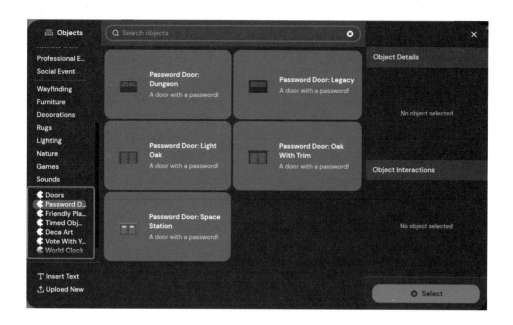

확장 기능을 잘 활용하면 공간의 용도를 더 세세하게 지정할 수 있고 또 다채롭게 꾸밀 수 있어요. 우리가 만든 사무실 공간에선 문 오브젝트에 비밀번호를 거는 [Password Door]를 활용할 수 있겠네요! 보안이 필요한 회의실에 걸어 두면 좋겠죠? 그외 방탈출 게임, 사적인 공간을 따로 만들고 싶을 때도 유용해요.

ℹ️ [Password Door]는 회전할 수 없어요. 정면으로만 배치할 수 있다는 점에 주의하세요.

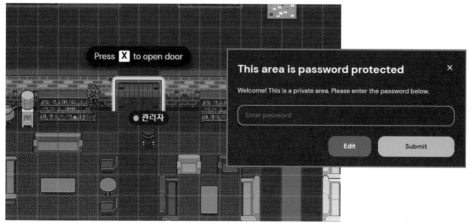

[Password Door]로 비밀번호를 건 문

또, [Vote With Your Feet]으로 특정 타일 위에 올라간 참가자의 수를 집계해 OX 퀴즈를 할 수도 있고 [Frinedly Plant]로 함께 식물을 키우는 등 재미있는 활동을 할 수 있어요. 확장 기능을 내 공간에 어떻게 활용할 수 있을지 고민해 보세요.

지금까지 맵 메이커의 기본 도구 사용법과 공간을 풍부하게 만드는 다양한 오브젝트 그리고 확장 기능 오브젝트까지 알아봤습니다. 이제 [Object Details]의 6가지 기능 중 가장 자주 사용하게 될 Embedded video와 Note object를 이용해 상호 작용 오브젝트를 만들어 볼게요.

하면 된다! ⑂ 영상이 재생되는 TV 만들기

01 연결할 영상 URL 복사하기
먼저 오브젝트와 연결할 영상의 주소를 복사하겠습니다. 유튜브, 트위치, 네이버 TV 등과 같이 공유할 영상이 있는 곳이라면 어디든지 좋아요. 여기서는 유튜브 영상을 공유하겠습니다. 영상 아래에 있는 [공유] 버튼을 눌러 URL을 복사해 두겠습니다.

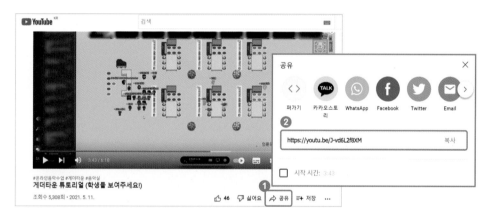

02 오브젝트와 연결하기

게더타운의 내 공간으로 이동한 후 맵 메이커에서 [More Objects]를 눌러 [Objects] 창을 여세요. [Professional Event] 항목에서 [TV]를 선택한 후 [Object Interatctions → Embedded video]를 클릭합니다.

03 [Video(URL)]에 복사해 둔 영상의 URL을 붙여 넣으세요. [Activation distance], 즉 활성화 거리는 기본으로 설정된 3을 그대로 두겠습니다. 설정을 모두 마쳤다면 맨 아래에 있는 [Select]를 누르세요.

ⓘ 활성화 거리의 값은 1당 타일 1칸을 뜻해요. 즉, 3으로 설정하면 타일 3칸 이내로 사용자가 가까워지면 활성화됩니다.

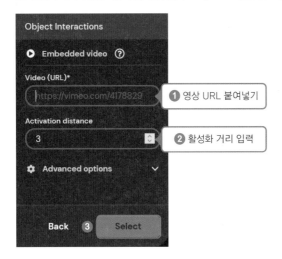

04 오브젝트 배치하기

이제 상호 작용 오브젝트가 된 [TV]를 원하는 곳에 배치하세요. 오브젝트를 선택한 후 원하는 타일 위를 클릭만 하면 됩니다. 마지막으로 위쪽에 있는 [Save]를 눌러 저장하세요.

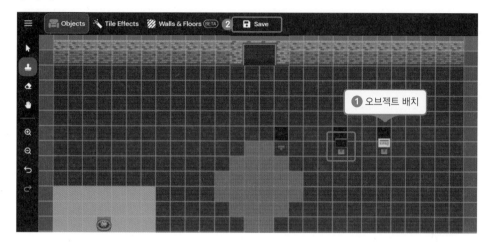

05 오브젝트 확인하기

이제 공간으로 돌아가 TV가 잘 작동하는지 확인해 볼게요. 맵 메이커 왼쪽 위에 있는 ☰를 누른 후 [Go to Space]를 클릭해 공간으로 돌아가세요.

06 맵 메이커에서 배치한 TV가 보이네요. 오브젝트와 가까워지면 테두리가 노란색으로 활성화되는 것을 볼 수 있어요. 왼쪽 아래에는 영상의 미리 보기 이미지가 나타납니다. X를 눌러 오브젝트와 상호 작용하면 연결한 영상을 내 공간에서 볼 수 있어요. 마치 아바타가 정말 TV를 보는 것처럼요.

하면 된다! ⟩ 다가가면 메시지가 뜨는 오브젝트 만들기

01 오브젝트 선택하기

이번에는 오브젝트에 다가가기만 해도 관리자가 입력해 둔 메시지, 즉 프롬프트 메시지를 띄워 보겠습니다. 맵 메이커에서 [More Objects]를 눌러 [Objects] 창을 여세요. [Professional Event] 항목에서 [Bulletin(Note)] 오브젝트를 선택한 후 [Object Interatctions → Note object]를 클릭합니다.

02 메시지 쓰기

[Bulletin(Note)] 오브젝트는 게시판 역할을 하므로 기본 메시지를 입력해야 합니다. [Message]에 '여기는 게시판입니다.'를 입력하세요. [Activation distance]는 기본으로 설정된 3을 그대로 두겠습니다.

03 프롬프트 메시지 쓰기

이제 오브젝트에 가까이 다가가기만 해도 메시지가 나타나는 프롬프트 메시지를 입력해 볼게요. [Note object]의 맨 아래에 있는 [Advanced options]를 클릭하면 고급 설정을 볼 수 있어요. [Prompt message]에 원하는 메시지를 입력하세요. 여기서는 '좋은 하루 되세요 :)'를 입력했어요. 모두 입력했다면 [Select]를 눌러 오브젝트 설정을 마치세요.

🔍 궁금해요! 메시지와 프롬프트 메시지는 어떤 차이가 있나요?

오브젝트를 활성화했을 때 포스트잇 모양의 창에 나타나는 글이 바로 '메시지'입니다. https로 시작하는 웹 사이트를 공유하거나 긴 내용을 전할 때 유리하죠. 반면 '프롬프트 메시지'는 오브젝트에 접근하기만 하면 입력해 둔 글이 자동으로 나타납니다. 길이도 메시지보다 짧아서 긴 설명보다 흥미를 불러일으키는 소개나 짧은 인사말을 쓰는 게 효과적이에요!

프롬프트 메시지는 어떤 오브젝트에든 입력할 수 있어 안내판이나 공간 설명서 등 다양하게 활용할 수 있어요. 또는 투명 오브젝트를 제작해 숨은 메시지를 띄우거나 캐릭터를 오브젝트로 만들어 마치 게임 속 NPC처럼 만들 수도 있어요. 이처럼 게더타운의 모든 기능은 어떻게 활용하느냐에 따라 다양한 공간을 만들 수 있답니다.

프롬프트 메시지를 다양하게 응용할 수 있어요.

04 설정을 마친 오브젝트를 배치하세요. 공간으로 돌아가기 전에 [Save]를 눌러 저장하는 것도 잊지 마세요.

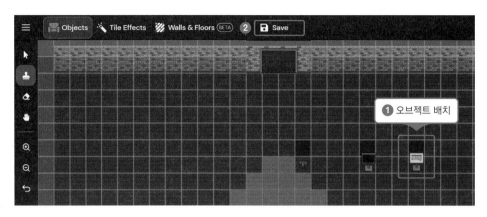

05 오브젝트 확인하기

이제 내 공간으로 돌아가 오브젝트를 확인해 볼까요? 오브젝트에 가까이 다가가면 '좋은 하루 되세요 :)'라는 프롬프트 문구가 나타나고 X 를 눌러 오브젝트를 활성화하면 '여기는 게시판입니다.'라는 메시지가 나타나는 것을 볼 수 있어요. 간단하죠?

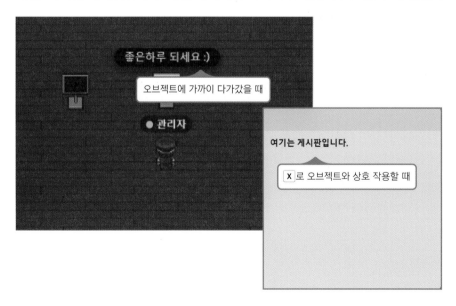

게시판을 만들어 보세요!

[Bulletin board] 오브젝트에 메시지와 프롬프트 메시지를 입력하고 배치해 게시판을 만들어 보세요. 공간을 방문한 친구들에게 안내하는 공지를 띄워도 좋겠죠?

ⓘ [Bulletin board]는 [Remote work] 항목에서 찾을 수 있어요.

ⓘ 메시지와 프롬프트 메시지를 각각 입력해야 해요.

ⓘ 활성화 거리를 설정해 프롬프트 메시지가 눈에 띄도록 만드세요.

04

세상에 하나뿐인
나만의 오브젝트 만들기

지금까지 게더타운에서 제공하는 기본 오브젝트와 상호 작용하는
오브젝트 그리고 기본 오브젝트에 상호 작용을 더하는 방법을 알아
봤어요. 물론 지금까지 배운 것만으로도 공간을 다채롭게 꾸밀 수
있지만, 오브젝트의 모습까지 내가 원하는 대로 만들 수 있다면 어
떨까요? 좋아하는 캐릭터로 꾸민 내 방, SF 영화처럼 흥미진진한 사
무실, 숨은 보물을 찾아 헤매는 게임 공간 등을 모두 내 손으로 만들
수 있답니다. 상상만 해도 즐겁지 않나요?

오브젝트 만들기

게더타운에서 새 오브젝트를 만드는 데는 크게 2가지 방법이 있습니다. [Upload New]로 완전히 새로운 오브젝트를 만드는 방법과 기존 오브젝트에 [Object image]로 이미지를 씌워 새로운 오브젝트처럼 만드는 방법이죠. 이렇게 이미지만 씌우면 기존 오브젝트의 기능을 그대로 이용하면서 디자인을 원하는 대로 바꿀 수 있답니다. 이번에는 이 2가지 방법으로 새로운 오브젝트를 만드는 과정을 알아보고, 이렇게 만든 오브젝트를 어떻게 활용할 수 있는지도 알아보겠습니다.

하면 된다! 〉 기존 오브젝트에 이미지 씌우기

실습 파일 | 둘째 마당/4/인어.png, 작은 인어.png

01 오브젝트 선택하기

먼저 기존 오브젝트에 이미지를 덧씌워 새로운 오브젝트를 만들어 보겠습니다. 맵 메이커에서 [More Objects → Objects → Professional Event]에서 들어가 [Bulletin(image)]을 선택하세요. 그런 다음 창의 오른쪽에서 [Object Interatctions → Embedded image]를 클릭합니다.

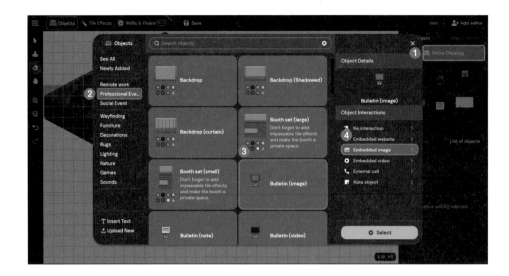

02 이미지 삽입하기

[Embedded image]를 클릭하면 [Image]와 [Preview image]가 있습니다. 둘째 마당/4/인어.png를 각각 넣어 주세요. 활성화 거리는 기본으로 설정된 3을 그대로 둡니다.

ℹ️ [Image]는 오브젝트와 상호 작용할 때 이미지 전체를 크게 보여 주고, [Preview image]는 오브젝트에 가까이 다가갔을 때 미리 보기 이미지를 보여 줍니다.

03 오브젝트에 이미지 씌우기

그 아래에 있는 [Advanced options]를 클릭한 후 [Object image]에 둘째 마당/4/작은 인어.png를 넣어 오브젝트의 외형에도 원하는 이미지를 씌우겠습니다. 모든 이미지를 삽입했다면 [Select]를 눌러 설정을 마무리하세요.

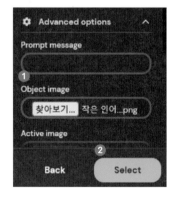

04 오브젝트 배치하기

이제 오브젝트를 원하는 타일 위에 배치하세요. 기존 [Bulletin(image)] 오브젝트의 기능을 그대로 갖고 있으면서 외형은 삽입한 이미지로 바뀐 오브젝트를 볼 수 있어요.

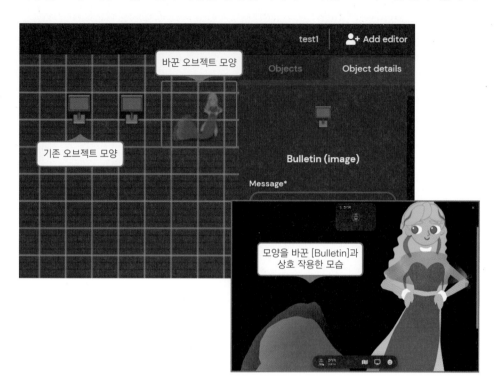

하면 된다! 〉 새로운 오브젝트 만들기

실습 파일 | 둘째 마당/4/인어.png

01 오브젝트 만들기

이번에는 기존에 있던 오브젝트를 이용하지 않고 완전히 새로운 오브젝트를 만들어 보겠습니다. [Objects] 창의 왼쪽 맨 아래에 있는 [Upload New]를 클릭하면 이미지 파일 업로드 창으로 이동합니다. 가운데에 있는 [Drag image or click to upload]를 클릭해 둘째 마당/4/인어.png를 불러오거나 이 창으로 끌어오세요.

ℹ️ 이미지를 잘못 불러왔다면 왼쪽 아래에 있는 [Replace image]를 클릭해 업로드한 이미지를 지울 수 있어요.

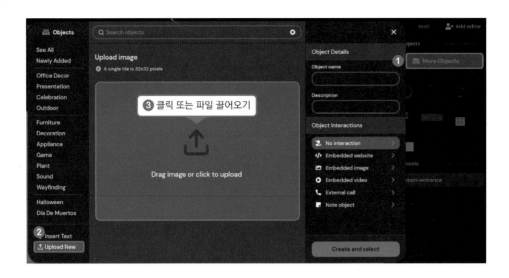

02 이미지 크기 변환하기

오브젝트가 만들어졌지만 얼핏 봐도 엄청나게 크다는 것을 알 수 있어요. 게더타운의 오브젝트는 1칸이 32×32 픽셀이므로 크기가 맞지 않는 이미지를 사용하면 오브젝트도 커질 수 있어요. 따라서 이미지 크기를 작게 조정해야 합니다. 포토샵이나 일러스트레이터를 몰라도 컴퓨터의 기본 프로그램인 그림판을 이용하면 누구나 조정할 수 있어요.

ℹ 픽셀pixel은 디지털 이미지를 구성하는 가장 작은 단위를 뜻합니다. '화소'라고도 해요.

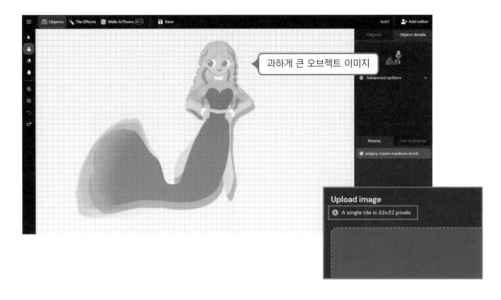

03 그림판 열기

그림판은 윈도우 왼쪽 아래의 [시작 → Windows 보조 프로그램 → 그림판] 또는 [시작 → '그림판' 검색]으로 열 수 있어요.

ℹ️ 맥 사용자는 [미리 보기]라는 기본 프로그램을 사용할 수 있어요.

04 크기 조정하기

그림판에서 크기를 조정할 이미지를 불러오겠습니다. 오른쪽 위에 있는 [파일 → 열기]로 둘째 마당/4/인어.png를 선택하세요.

ℹ️ 단축키 [Ctrl]+[O]를 눌러 파일을 불러올 수도 있어요.

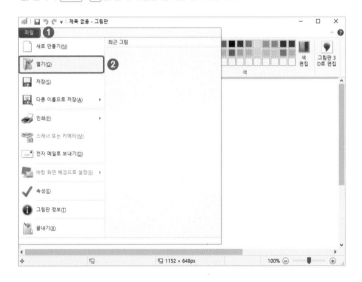

05 불러온 파일의 크기를 조정할게요. 위 메뉴에서 [크기 조정]을 클릭한 후 [픽셀]을 선택하세요. 가로, 세로 모두 64를 입력한 후 [확인]을 클릭하면 이미지의 크기 조정이 끝납니다. 크기를 줄인 이미지를 저장하세요.

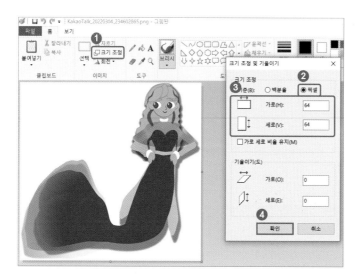

06 게더타운으로 불러오기

게더타운으로 돌아와 크기를 줄인 이미지를 다시 불러오세요. 타일 2칸에 꼭 맞게 줄어든 모습을 볼 수 있어요. 타일 1칸의 크기가 32×32라는 것만 기억해 두면 이렇게 적당한 크기를 찾을 수 있어요.

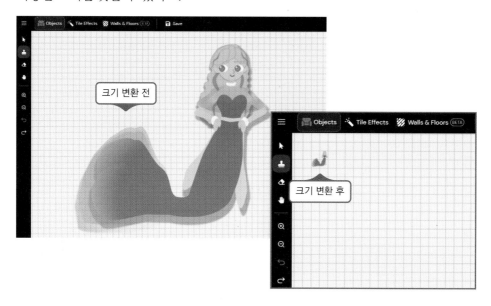

그림 크기는 포토샵, 일러스트레이터 등 이미지를 편집할 수 있는 모든 그래픽 프로그램으로 조정할 수 있어요. 우리는 누구나 쉽게 접근할 수 있는 프로그램인 그림판을 선택했을 뿐이죠. 그래픽 프로그램을 사용하지 않고 픽셀 변환 웹 사이트를 이용하는 방법도 있어요. 구글이나 네이버에 '픽셀 크기 변환'을 검색하면 여러 웹 사이트를 볼 수 있습니다. 그중 I♡ IMG(iloveimg.com/ko)와 Resize Pixel(resizepixel.com/ko)를 가장 많이 사용합니다. 더욱이 무료라서 편하게 사용할 수 있어요.

I♡IMG

Resize Pixel

07 상호 작용 기능 추가하기

마지막으로 이렇게 만든 오브젝트에 상호 작용 기능을 추가해 보세요. [Object Interactions]에서 웹 사이트, 이미지, 동영상 등을 연동시키거나 가까이만 다가가도 메시지를 띄우는 프롬프트 메시지를 넣는 등 나만의 오브젝트를 만들어 보세요.

ℹ️ 상호 삭용 기능에 대한 자세한 내용은 '3-2 상호 작용 오브젝트와 친해지기'를 참고하세요.

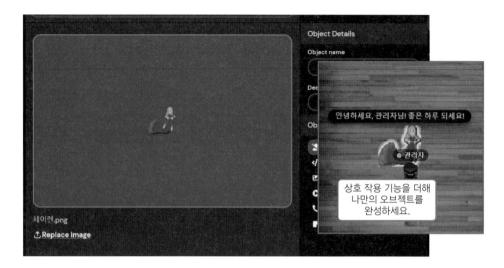

04-2

응용 오브젝트 만들기

하면 된다! › 투명 오브젝트로 숨은 메시지 만들기

실습 파일 | 둘째 마당/4/투명.png

01 새로운 오브젝트 만들기

공간을 걷다가 갑자기 허공에서 메시지가 나타나면 어떨까요? 메시지만 띄우는 기능은 없지만, 투명 오브젝트를 만들어 프롬프트 메시지를 활용할 수는 있죠. 투명 오브젝트는 눈에 보이지는 않지만, 가까이 다가가면 상호 작용을 할 수 있는 신기한 오브젝트랍니다. 보물찾기처럼 숨은 오브젝트를 찾는 재미가 있겠죠?

오브젝트를 만드는 과정은 새로운 오브젝트를 만들 때와 같아요. [More Objects → Objects → Upload New]를 클릭해 둘째 마당/4/투명.png를 불러오거나 끌어오세요.

02 상호 작용 추가하기

투명 오브젝트가 빛을 발하려면 숨어 있던 메시지가 튀어나와야겠죠? 상호 작용 기능을 추가하겠습니다. 오른쪽에 있는 [Object Interactions → Note object]를 선택하세요. 먼저 [Message]에 설명하는 글을 쓰고 오브젝트에 가까이 다가가면 근처에 오브젝트가 있다는 것을 눈치챌 수 있도록 [Prompt message]에 힌트 메시지를 입력하세요. 오브젝트와 가까워야 메시지가 나타나도록 [Activation distance]는 1로 설정하겠습니다. 모든 설정을 완료했다면 [Select]를 눌러 오브젝트를 만드세요.

03 오브젝트 배치하고 확인하기

이제 공간으로 돌아가 설치해 둔 투명 오브젝트를 확인해 보세요. 눈에 보이지는 않지만, 가까이 다가가면 허공에 메시지가 나타나는 것을 볼 수 있어요. X 를 클릭하면 입력해 둔 메시지도 확인할 수 있답니다. 이렇게 투명 오브젝트를 활용하면 재미있는 연출을 할 수 있어요!

투명 이미지는 모든 그래픽 프로그램에서 만들 수 있지만, 가장 다루기 쉬운 파워포인트로 만
드는 방법을 알려드릴게요. 먼저 [삽입 → 도형]에서 아무 도형이나 만든 후 마우스 오른쪽 버
튼을 클릭합니다. 그런 다음 [도형 서식 → 채우기 → 채우기 없음], [선 → 선 없음]으로 설정
하고, 이 이미지를 PNG 파일로 저장하면 투명 이미지가 완성됩니다. 크기를 조정하는 것도
잊지 마세요. 숨겨 둔 메시지가 뜨는 용도라면 작게 만들수록 좋겠죠?

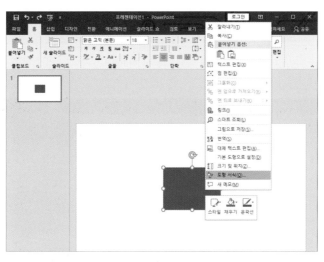

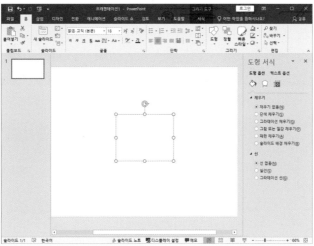

하면 된다! } 나를 반겨 주는 NPC 만들기

실습 파일 | 둘째 마당/4/npc/뱀파이어.png

01 새 오브젝트 만들기

행사를 개최하거나 친구와 게임을 즐기는 등 한 공간을 여러 사람이 함께 쓴다면 규칙을 안내해 줘야겠죠? 이때 안내판 오브젝트에 메시지를 활용해도 좋지만, 좀 더 특별하게 캐릭터가 안내해 준다면 어떨까요? 바로 게임 속 NPC처럼요. 오브젝트가 나와 닮은 캐릭터 모양이라면 더욱 좋겠죠? 먼저 맵 메이커에서 [More Objects → Objects → Upload New]를 클릭해 새 오브젝트 창을 열어 주세요.

ⓘ NPC는 'Non-Player Character'의 줄임말로, 게임 등에서 게이머를 돕는 역할을 하는 캐릭터를 뜻합니다. 게이머가 스토리를 진행할 수 있도록 도와주는 인물이 될 수도 있고, 상점 주인이 될 수도 있어요.

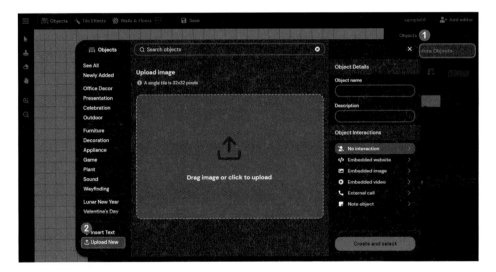

02 이미지 파일 불러오기

가운데에 있는 [Drag image or click to upload]를 클릭해 둘째 마당/4/npc/뱀파이어.png를 불러 오세요.

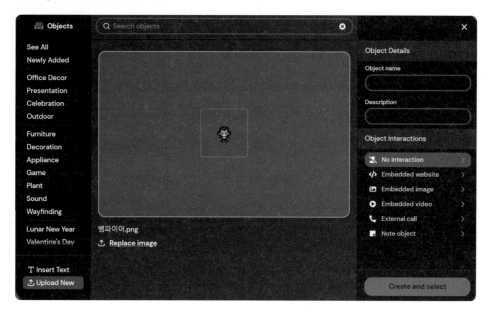

03 말하는 NPC 만들기

게임 속 NPC는 게이머가 원활하게 게임을 진행할 수 있도록 돕는 역할을 하죠. 마찬가지로 NPC 오브젝트가 방문자에게 말을 걸게 해볼게요. [Object Interaction → Note object]를 선택한 후 [Message]에 '게더 타운에 오신 것을 환영합니다. 문 가까이 가면 다른 방으로 이동할 수 있습니다.'를 입력하세요. [Activation distance]는 1로 설정하겠습니다.

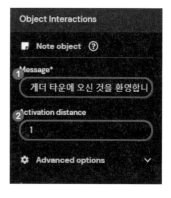

04 NPC와 가까워지면 인사를 건네도록 프롬프트 메시지를 사용할게요. [Object Interactions]의 맨 아래에 있는 [Advanced options]를 눌러 항목을 연 후 [Prompt message]에 '안녕하세요.'를 입력하세요. 모든 입력을 마쳤다면 [Select]를 누르세요.

❶ 공간으로 돌아가기 전에 맵 메이커에서 저장하는 것도 잊지 마세요.

05 오브젝트 확인하기

이제 오브젝트를 배치하고 공간으로 돌아가 말을 걸어 보세요. 가까이 다가가면 인사를 건네고 X 를 눌러 활성화하면 메시지를 보여 줄 거예요. 이렇게 NPC 오브젝트를 완성할 수 있습니다. 평범한 안내판보다 재미있고 독특한 느낌을 낼 수 있겠죠?

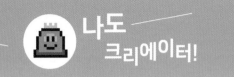
나만의 NPC를 만들어 봐요!

실습 파일 | 둘째 마당/4/npc 폴더

NPC 오브젝트를 만들어 내 공간을 꾸며 봐요. 공간의 콘셉트나 분위기에 맞게 NPC 이미지를 선택한 후 어울릴 만한 말을 걸도록 만들어 보세요. 단순한 오브젝트 와는 다른 나만의 오브젝트가 완성될 거예요.

ℹ️ 가까이만 다가가도 말을 걸도록 [Prompt message]를 활용하세요.

2.5D 공간 만들기

지금까지 공간을 만들고 오브젝트를 활용하는 방법까지 모두 손에 익혔어요. 하지만 만드는 방법을 아는 것과 잘 만드는 것은 달라요. 중요한 건 공간의 용도를 고려해 설계하고 여기에 맞는 기능을 더 하는 것입니다. 이번에는 공간을 설계해 보고 더 나아가 게더타운 의 2D 그래픽을 2.5D, 즉 입체적으로 만들어 보겠습니다. 예제를 따라 만들면서 내 공간에 어떻게 적용하면 좋을지 생각해 보세요.

05 · 공간감을 살리는 전경과 배경

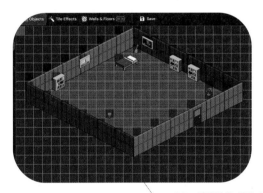

06 · 입체감을 살린 2.5D 공간 만들기

05

공간감을 살리는
전경과 배경

게더타운의 2D 그래픽은 귀엽고 아기자기하지만, 입체감을 표현하기엔 조금 아쉬워요. 이번엔 입체 오브젝트와 공간의 핵심 개념인 '배경'과 '전경'을 살펴봐요.

05-1 배경과 전경 만들기

나도 크리에이터 전경과 배경을 이용해 야외 공간 꾸미기

05-1

배경과 전경 만들기

게더타운의 특징 중 하나는 고전 게임의 그래픽처럼 보이는 2D라는 점입니다. 입체적인 3D 그래픽에 익숙하다면 2D 그래픽에서 공간을 만드는 것이 낯설게 느껴질 수 있어요. 이때 반드시 알아 둬야 할 개념이 바로 배경 background과 전경 foreground입니다. 우선 배경과 전경의 기준은 '캐릭터'입니다. 배경은 캐릭터보다 뒤(아래)에 있는 것들을 말합니다. 평면 그래픽에서는 바닥이 배경이 될 수 있죠. 전경은 캐릭터 앞(위)에 있는 것을 말합니다. 그래서 전경 뒤에 캐릭터가 서면 가려지죠. 즉, 게더타운의 공간은 크게 배경과 캐릭터(오브젝트) 그리고 전경이라는 3겹의 층으로 구성돼 있다고 보면 됩니다.

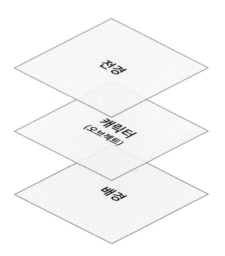

배경과 전경을 제대로 이해할 수 있도록 바닥과 건물 이미지를 게더타운으로 불러와 공간을 꾸미면서 눈으로 보고 손으로 익혀 볼게요. 맵 메이커를 켜고 시작해 볼까요?

하면 된다!⟩ 배경 만들기

실습 파일 | 셋째 마당/5/바닥.png

01 배경 이미지 업로드하기

맵 메이커에서 시작하겠습니다. 맵 메이커 홈페이지 화면의 위쪽 위에 있는 ▤를 클릭한 후 [Background & Foreground → Upload Background]를 선택하세요.

ⓘ 맵 메이커는 수정할 공간에서 [↗ → Build → Edit in Mapmaker]를 눌러 이동할 수 있어요.

🔎 **궁금해요!** **'Beta warning'이라는 경고 창이 나타나요!**

게더타운은 사용자의 편의성을 높이기 위해 꾸준히 새로운 기능이 추가되고 있어요. 바닥과 벽을 꾸미는 부분도 마찬가지죠. 베타 버전에서 조금씩 나아가고 있습니다. 'Beta warning'은 이미지를 업로드하면 이미  배치해 둔 바닥과 벽이 사라질 수 있으니 주의하라는 경고 창입니다. 따라서 배경이나 벽에 준비해 둔 이미지를 사용하고 싶다면 이미지를 먼저 업로드하고 추가할 벽과 바닥은 마지막에 배치하는 것이 좋아요. 경고 창은 [Yes]를 눌러 끄고 계속 진행하세요.

02 [Update background] 창이 나타나면 가운데를 눌러 준비해 둔 셋째 마당/5/바닥.png를 불러오세요.

ⓘ 직접 제작한 이미지를 사용하고 싶다면 반드시 타일 1칸은 32x32라는 것을 기억해야 합니다. 만약 10x8 크기에 딱 맞는 배경을 쓰려면 이미지 크기는 320x256이어야 해요.

03 이미지를 불러오면 곧장 전체 바닥이 바뀌는 것을 볼 수 있어요. 이렇게 간단하게 바닥, 즉 배경을 바꿨어요. 공간으로 돌아가기 전에 [Save]로 저장하는 것도 잊지 마세요.

ℹ️ 이 방법은 게더타운에서 제공하는 타일을 일일이 깔기 번거로울 때 사용해도 좋아요!

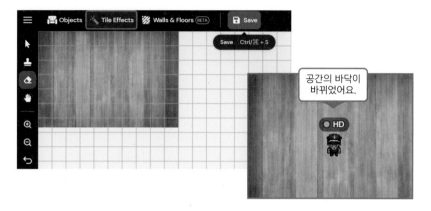

하면 된다! 〉 전경 만들기

실습 파일 | 셋째 마당/5/전경.png

01 전경 이미지 불러오기

이번에는 전경 이미지를 불러오겠습니다. 맵 메이커 홈페이지 화면의 왼쪽 위에 있는 ☰를 클릭한 후 [Background & Foreground → Upload Background]를 선택하세요.

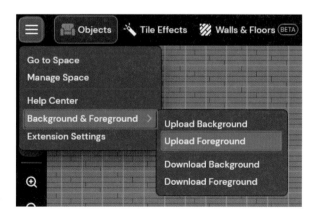

02 오른쪽의 [Upload a foreground]를 클릭해 5/전경/집.PNG를 불러오세요.

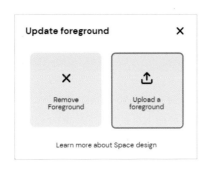

03 맵 메이커에서 수정한 내용을 저장하고 공간으로 돌아오면 배치된 전경을 볼 수 있습니다. 전경은 배경과 캐릭터보다 앞(위)에 있기 때문에 캐릭터가 뒤에 서면 가려지는 것을 볼 수 있어요.

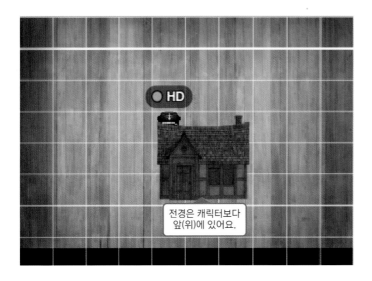

이렇게 전경 오브젝트를 간단하게 만들어 봤어요. 배경과 전경을 적절하게 활용하면 평면 그래픽도 입체적이고 창의적으로 꾸밀 수 있어요. 3D 게임 부럽지 않은 입체적 효과를 낼 수도 있답니다.

공간과 크기만 맞으면 어떤 이미지든 상관없는 배경과 달리 전경은 캐릭터보다 앞에 있기 때문에 이미지의 크기나 배경 유무가 무척 중요합니다. 너무 큰 이미지를 쓰면 전경에 공간이 뒤덮일 테니까요.

전경 이미지를 오브젝트처럼 사용할 때 주의해야 하는 점은 배경이 투명한 'PNG' 파일을 사용해야 한다는 것입니다. 대부분 JPG 파일은 그림만 있는 것처럼 보여도 뒤에 흰색 배경이 깔려 있어요. 이때는 배경이 없는 PNG 파일을 사용하는 것이 가장 좋습니다.

그림 뒤에 흰색 배경이 있는
JPG 파일

그림 뒤에 배경이 없는
PNG 파일

하지만 사용하고 싶은 이미지가 JPG 파일이라면 어떻게 해야 할까요? 배경을 지우고 PNG 파일로 변환하는 2가지 방법을 알려드릴게요.

첫 번째 방법은 파워포인트를 이용하는 것입니다. 파워포인트에서 바닥 타일과 같은 개수의 칸을 만들어 원하는 크기의 이미지를 만든 다음 선을 투명하게 만들어 내보내면 배경이 투명한 이미지를 만들 수 있습니다.

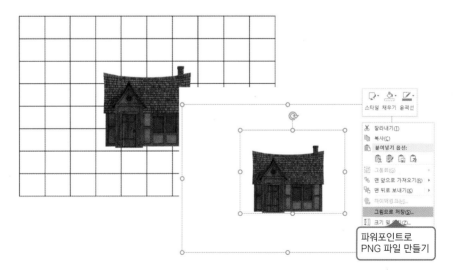

파워포인트로
PNG 파일 만들기

두 번째 방법은 배경을 제거해 주는 무료 사이트를 이용하는 것입니다. remove.bg(remove.bg/ko)라는 웹 사이트를 이용하면 이미지의 배경을 간단하게 없애고 PNG 파일로 추출할 수 있어요.

remove.bg 사이트에서 PNG 파일 만들기

전경과 배경을 이용해 야외 공간 꾸미기

실습 파일 | 셋째 마당/5/나도크리에이터/배경.png, 전경.png

게더타운에서는 공간을 야외처럼 꾸밀 수도 있어요. 전경과 배경을 적절히 활용해 입체적으로 꾸미면 훨씬 재미있는 공간이 만들어지겠죠? 마치 캐릭터가 건물과 건물 사이를 걷는 것처럼 만들어 보세요. 이때는 건물이 어디에 배치되느냐에 따라 배경일 수도 있고 전경일 수도 있겠죠? 어떤 건물과 오브젝트가 배경 또는 전경이어야 입체적으로 보일 것인지를 충분히 고민하면서 꾸며 보세요.

ℹ️ 픽셀 크기 조정이 필요하다면 '4. 세상에 하나뿐인 나만의 오브젝트 만들기'에서 소개한 이미지 크기 변환 방법 또는 웹 사이트를 활용하세요.

ℹ️ 배경을 먼저 만든 후 전경을 배치하세요. 전경에는 바탕이 투명한 PNG 파일을 사용하세요.

06

입체감을 살린
2.5D 공간 만들기

앞서 배경과 전경이 무엇인지 이해하고 직접 예제를 통해 실습해 보았어요. 이번엔 배경과 전경을 활용해 입체 오브젝트와 입체 공간을 만들어 봐요.

06-1

입체감이 살아 있는 2.5D 오브젝트 배치하기

앞서 우리는 아무것도 없는 공간도 만들어 보고, 템플릿을 이용해 기본 오브젝트가 모두 갖춰진 공간도 만들어 봤어요. 그런데 게더타운의 오브젝트는 평면이어서 입체감이 부족하다는 아쉬움이 있습니다. 이때 오브젝트나 배경, 전경을 잘 활용하면 마치 3D처럼 보이는, 즉 2.5D로 공간을 꾸밀 수 있어요. 방을 여러 개 만들어 이곳저곳을 이동할 수도 있고 포털 기능으로 문을 열고 오가는 효과도 낼 수 있죠. 여러분이 만들고 싶은 공간에는 어떤 기능이 필요하고, 어떻게 하면 창의적으로 응용할 수 있을 것인지를 생각하면서 차근차근 따라해 보세요.

하면 된다! } 입체 오브젝트로 공간 꾸미기

실습 파일 | 셋째 마당/6/가구, 벽 폴더

01 입체 오브젝트 이미지 알아보기

본격적으로 공간을 만들기 앞서 먼저 실습 파일을 살펴보겠습니다. 2.5D 공간의 핵심은 입체 오브젝트입니다. 직접 원하는 오브젝트를 만들어도 좋지만, 원활한 실습을 위해 미리 준비해 뒀답니다. 실습 파일 중 셋째 마당/6/가구, 벽 폴더를 열어 보세요. 게더타운의 기존 오브젝트와 달리, 대각선으로 배치할 수 있고, 명암 구분으로 좀 더 입체적인 오브젝트들을 볼 수 있습니다.

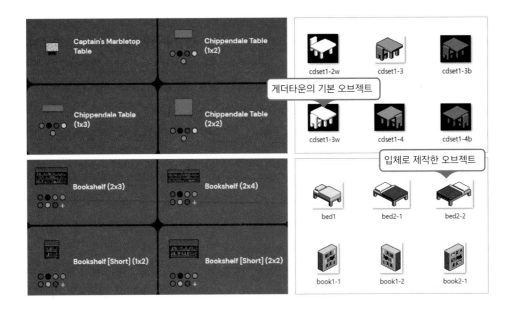

02 새로운 공간 만들기

입체 오브젝트를 놓을 새로운 공간을 만들어 보겠습니다. 게더타운 홈페이지 화면의 오른쪽 위에 있는 [Create Space]를 클릭하세요. 공간의 용도를 선택하는 창이 나타나면 왼쪽 아래에 있는 [Advanced setup for experts]를 선택하세요.

03 비어 있는 공간에서 시작할 거예요. [Start from blank → Blank(Start from Scratch)]를 선택한 후 오른쪽 아래의 [Name your space]에서 내 공간의 이름과 공간의 목적을 선택하고 [Open Mapmaker]를 클릭하세요.

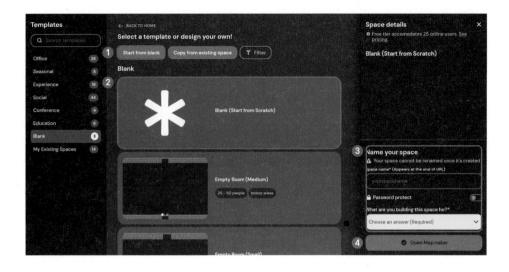

04 바닥과 벽 배치하기

공간을 만드는 순서가 정해져 있는 것은 아니지만 바닥, 타일 → 벽 → 오브젝트 → 타일 효과 순으로 배치하면 한결 편합니다. 따라서 바닥을 먼저 꾸밀게요. 맵 메이커의 위에 있는 [메뉴] 탭에서 [Walls & Floors → Floors]를 선택하세요. 오른쪽에 있는 [Floor tiles]에서 원하는 바닥을 선택한 후 원하는 영역만큼 타일을 선택해 바닥을 깔아 주세요. 바닥을 모두 깔았다면 위에 있는 [Done]을 클릭하고 저장하세요.

ℹ️ 2.5D 오브젝트는 기존 오브젝트보다 공간을 많이 차지하니 크기를 넉넉하게 잡아 주세요.

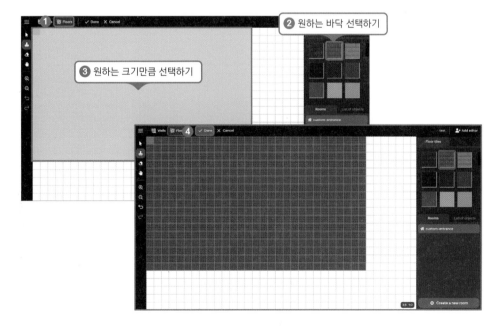

05 이제 바닥 위에 벽을 배치하겠습니다. 벽의 타일도 [Walls & Floors]에서 선택해도 되지만, 우리가 만들 공간은 2.5D이니 벽도 입체적이어야겠죠? 제공한 실습 파일에서 입체 벽 오브젝트를 사용하겠습니다. 위에 있는 [메뉴] 탭에서 [Objects → More Objects → Upload New]를 클릭해 셋째 마당/6/벽/wall 1.png를 불러오세요. 문이 없는 벽 오브젝트가 나타납니다.

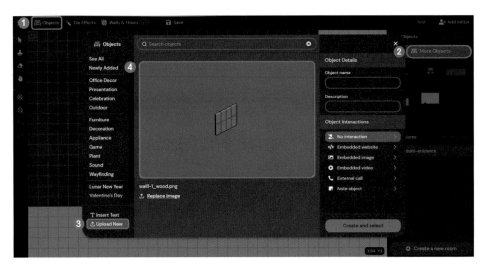

06 아무런 기능이 없는 벽이므로 상호 작용 효과는 설정하지 않고 [Object name]만 입력하고 [Create and select]를 눌러 새 오브젝트를 만드세요. 오브젝트 메뉴에 벽 오브젝트가 추가된 것을 볼 수 있어요.

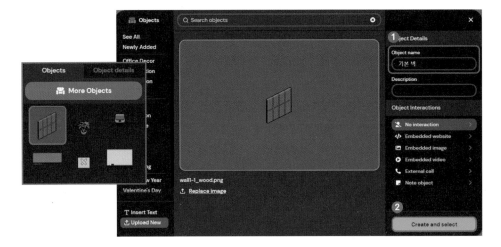

07 벽 오브젝트는 각도에 따라 2가지로 준비해 뒀어요. 빛이 비스듬하게 비친다고 가정했을 때 마주보는 곳은 밝은 색 벽(wall 1.png), 양옆은 어두운 색 벽(wall 1-1. png)을 사용해 입체적인 느낌을 낼 수 있어요. 가운데에 같은 색의 문(door 1.png)도 배치하고, 입체감을 더 살리기 위해 벽이 둘러싼 공간을 제외한 바닥의 색도 다르게 해봤어요.

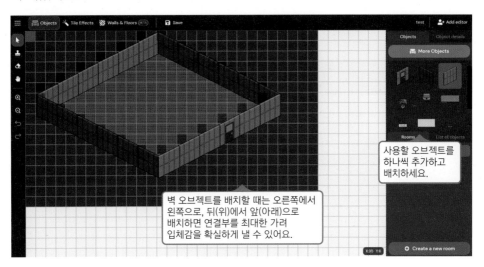

08 입체 오브젝트 배치하기

여기까지만 해도 반 이상 완성됐다고 볼 수 있어요. 하지만 입체 오브젝트를 배치하면 또 색다른 느낌이 날 거예요. 셋째 마당/6/가구 폴더에서 의자, 침대, 액자 등과 같은 여러 오브젝트를 불러와 원하는 대로 배치해 보세요. 입체감이 많이 살아났죠?

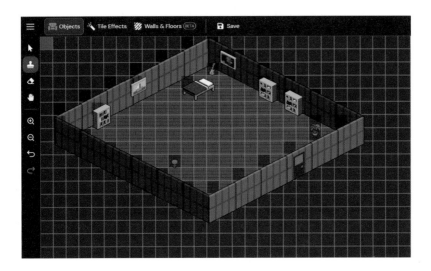

09 타일 효과 배치하기

마지막으로 타일 효과를 배치하겠습니다. 먼저 캐릭터가 벽이나 오브젝트를 통과하지 못하도록 해볼게요. [메뉴] 탭에서 [Tile Effects]를 클릭한 후 화면의 오른쪽에 있는 [Tile Effects → Impassable]을 선택합니다. 그런 다음 벽과 오브젝트를 둔 타일을 모두 선택하세요. 그 아래에 있는 [Spawn] 타일은 공간에 입장했을 때 캐릭터가 생성되는 지점을 선택할 수 있습니다. 여기서는 침대 오브젝트가 있는 타일을 선택했어요.

ⓘ 기존에 있던 [Spawn] 타일을 지워야 새로 배치한 지점에서 캐릭터가 입장할 수 있습니다.

10 타일 배치까지 모두 완료했다면 [Save]를 눌러 저장하세요. 이렇게 나만의 공간이 완성됐습니다!

지금까지 공간에 여러 타일을 설치해 보면서 타일마다 어떤 역할을 하는지 눈치챘을 거예요. [Impassable]은 캐릭터가 밟지 못하는 구역, [Spawn]은 공간 이동 시 캐릭터가 등장하는 입구 역할, 그리고 [Portal]은 공간을 이동하는 문 역할을 합니다. 마지막으로 우리가 다뤄보지 않은 2가지 타일이 있어요. 바로[Private Area]와 [Spotlight]입니다. [Private Area]는 말 그대로 사적인 구역을 지정합니다. 이 타일을 설치한 영역 안에 선 사람끼리 나누는 대화는 밖으로 나가지 않아요. 반대로 [Spotlight]는 타일 위에 선 인물의 말소리를 공간의 모두에게 전달하는 역할을 해요.

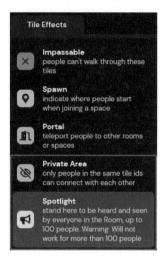

여러 사람이 있는 공간에서 다른 사람에게 방해되지 않게 이야기를 나누고 싶다면 [Private Area] 타일을 활용해 보세요. [Private Area] 타일로 지정된 영역에 들어가면 주위가 어두워지고 해당 타일만 빛나면서 은밀한 공간에 들어와 있다는 것을 확실히 알 수 있어요. 이 타일을 활용해 일대일 대화 공간, 회의실, 전시회 부스 등을 만들 수 있습니다.

[Private Area] 타일에 들어갔을 때

강연이나 수업을 할 때는 [Spotlight] 타일을 활용해 보세요. 타일 위에 아바타를 세워 두면 공간이 아무리 넓어도 모두에게 내 목소리를 전달할 수 있답니다.

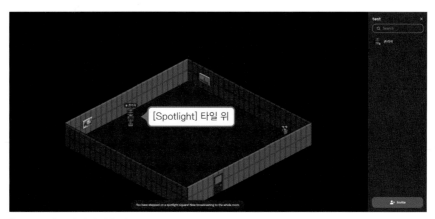

[Spotlight] 타일 위에 섰을 때

06-2

공간과 공간 연결하기

하면 된다!〉 여러 개의 공간 연결하기

실습 파일 | 셋째 마당/6/공간

01 새 공간 만들기

방 하나를 완성했으니 방 3개와 복도 1개까지 총 4개의
방을 추가하겠습니다. 벌써 머리가 아프다고요? 걱정마
세요. 아주 간단하게 방을 만들 수 있는 방법이 있답니
다. 다시 맵 메이커로 돌아가 볼까요? 화면 오른쪽 아래
에서 [Create a new room]을 클릭하세요. 새 공간 이름
을 'room1'로 입력하고 Enter 를 누른 다음 [Create a
blank room]을 선택하세요.

02 이미지 템플릿으로 공간 꾸미기

맵 메이커에 빈 방이 생성되면서 [Update background] 창이 나타납니다. [Upload a background]를 클릭한 후 셋째 마당/6/공간/room 3.png를 불러오세요.

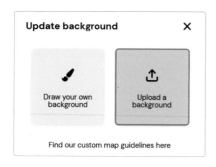

03 이미지 템플릿으로 공간 5개 만들기

배경만 불러왔을 뿐인데 멋진 방 하나가 완성됐어요. [Tile Effects]에서 [Impassable], [Spawn] 타일로 벽 효과와 입장 지점만 선택해 마무리하세요. 똑같은 방법으로 셋째 마당/6/공간 오브젝트 폴더의 방 3개와 복도까지 모두 완성해 보세요.

ℹ️ 복도는 다른 방과 이름을 다르게 지어야 연결할 때 구분할 수 있어요.

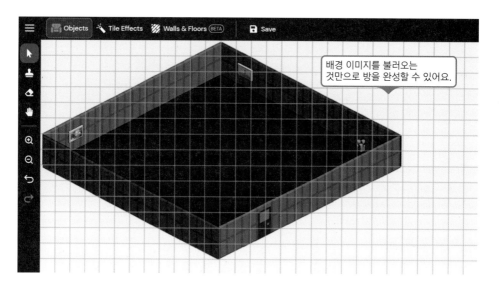

04 포털로 공간 연결하기

총 5개의 방을 모두 만들었나요? 그럼 이제 4개의 방과 복도 1개까지 총 5개의 공간을 연결하겠습니다. 공간과 공간을 연결하려면 [Portal] 타일을 활용해야 합니다. 가장 먼저 만든 공간에서 맵 메이커를 연 후 위에 있는 [메뉴] 탭에서 [Tile Effects]를 클릭하세요. [Portal] 타일을 선택한 후 캐릭터가 다른 방으로 이동할 지점을 선택하세요.

ⓘ 포털은 '단방향 이동'만 됩니다. 즉, 하나만 설치하고 양쪽 공간을 오갈 수는 없어요. 반대편에서 돌아오는 통로를 만들어야만 합니다.

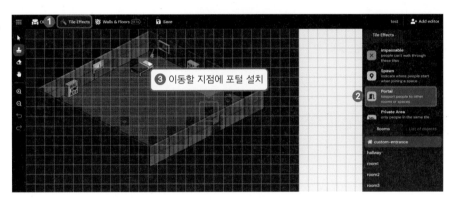

05 [Pick portal type] 창이 나타나면 [Portal to a room]을 선택하세요. 그런 다음 포털과 연결한 방을 클릭하고 복도를 선택하면 해당 공간으로 이동합니다. 여기서 포털을 연결할 타일을 클릭하세요.

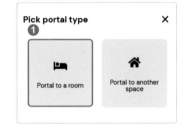

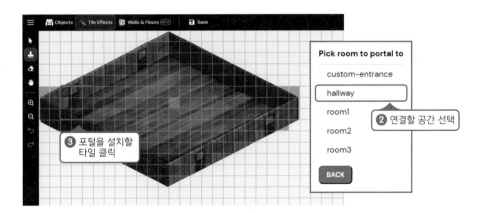

06 포털 설치를 완료하면 원래 있던 공간으로 돌아옵니다. 포털을 설치한 타일을 밟고 복도로 이동해 볼까요? 그런데 복도에서 원래 있던 공간으로 돌아갈 포털은 보이지 않네요. 포털은 '단방향'으로만 이동할 수 있어 양쪽을 오가려면 복도에서 방으로 가는 포털을 설치해야 합니다. 반대편 공간에도 포털을 설치해 주세요.

ℹ 포딜의 목직지가 겹칠 때는 포털을 같은 타일에 설치하는 것이 좋이요!

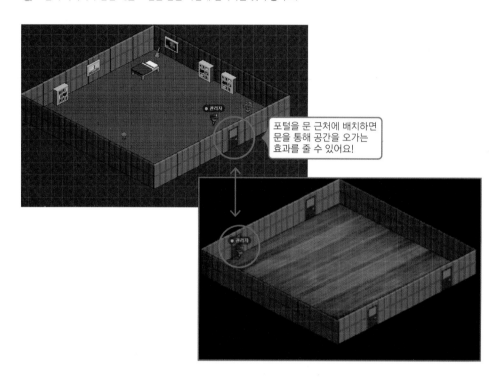

포털을 문 근처에 배치하면 문을 통해 공간을 오가는 효과를 줄 수 있어요!

07 이제 나머지 3개의 방도 복도를 중심으로 포털을 연결하세요. 문마다 방 하나와 연결되도록 포털을 설치하면 문을 지날 때마다 다른 방으로 이동하는 것과 같은 효과를 낼 수 있어요. 공간 양쪽 모두 연결하는 것도 잊지 마세요. 이렇게 총 5개의 방이 연결된 큰 공간을 완성했습니다!

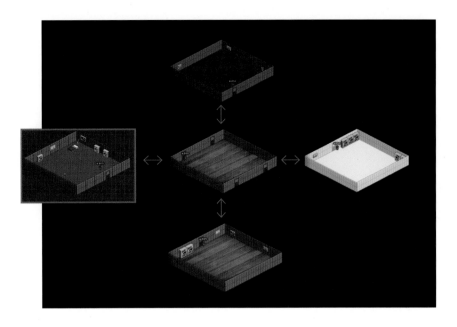

이렇게 만들어 둔 이미지를 활용하면 마을 하나를 만드는 것도 어렵지 않아요. 맵 메이커의 기능과 공간이 작동하는 원리만 이해하면 어떤 공간이든 원하는 대로 만들 수 있을 거예요.

🔍 궁금해요! **포털을 응용하는 방법은 무엇이 있나요?**

포털 여러 개를 연달아 설치하면 설치한 방향으로 빠르게 이동할 수 있습니다. 이걸 활용하면 엘리베이터나 부스터 트랙과 같은 신기한 기능을 구현할 수 있어요. 혹은 들어가면 튕겨져 나오는 접근 금지 구역을 만들 수도 있겠네요! 다만 포털을 설치한 방향과 반대 방향으로 가는 건 어려우니 꼭 필요한 곳에 배치해야 합니다.

포털을 여러 개 연결하면 엘리베이터처럼 빠르게 이동하는 효과를 줄 수 있어요.

마무리 마당

게더타운 200% 활용법

공간을 어떻게 꾸미느냐에 따라 활용 범위가 넓어지듯이 어떤 프로그램 또는 어떤 웹 사이트와 연동하느냐에 따라 게더타운의 활용 범위도 훨씬 넓어진답니다. 마무리 마당에서는 구글 문서 도구, 패들렛과 같은 외부 프로그램과 오브젝트를 연결해 좀 더 편리하게 협업하는 방법을 알아보겠습니다. 이와 아울러 공간을 좀 더 꾸밀 수 있는 외부 웹 사이트도 알려드릴게요.

01 · 구글 문서 도구로 협업하기

02 · 패들렛으로 소통하기

03 · 공간 꾸밀 때 유용한 외부 웹 사이트 활용하기

★ 구글 문서 도구로 협업하기

★ 패들렛으로 소통하기

★ 공간 꾸밀 때 유용한 외부 웹 사이트 활용하기

01

구글 문서 도구로 협업하기

구글은 웹에서 구글 문서, 스프레드시트, 프레젠테이션과 같은 문서 도구 프로그램을 제공합니다. 무료일 뿐 아니라 별도로 설치할 필요도 없어서 윈도우, ios는 물론, 모바일에서도 사용할 수 있죠.

구글 문서와 스프레드시트로 공유 문서 만들기

팀별 회의록이나 조별 과제물을 작성할 때 여러 사람이 문서 하나를 실시간으로 보고 수정하기도 합니다. 이때 가장 많이 사용하는 도구가 구글 문서 도구의 구글 문서(docs.google.com/document)와 구글 스프레드시트(docs.google.com/spreadsheets)죠. 구글 계정만 있으면 누구나 바로 사용할 수 있어서 접근성도 좋습니다. 이 문서를 게더타운과 연결하면 마치 같은 곳에서, 같은 문서를 들여다보는 것처럼 협업을 할 수 있어요. 방법도 간단합니다. 공유할 문서의 링크를 게더타운의 오브젝트에 [Embedded website]에 붙여 넣으세요.

ⓘ 공유 문서는 구글 문서 도구에서 공유 범위가 설정돼 있어야 합니다.

ⓘ [Embedded website]에 붙여 넣을 주소는 반드시 https로 시작해야 합니다. 오브젝트에 외부 링크를 연결하는 방법은 '3-2 상호작용 오브젝트와 친해지기'를 참고하세요.

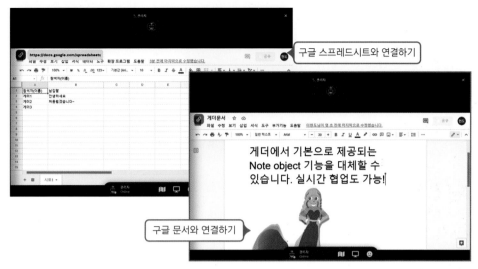

[Embedded website]로 구글 문서 도구와 연결하면 게더타운에서 공유 문서를 작성할 수 있어요.

구글 문서 도구는 웹을 기반으로 하고 있기 때문에 게더타운의 오브젝트를 열어 수정해도 실시간으로 저장됩니다. 여러 명이 동시에 한 문서를 열어 수정하면서 의견을 주고받을 수 있으니 실시간 협업이 필요할 때 무척 유용하겠죠?

구글 프레젠테이션으로 발표 자료 띄우기

마이크로소프트에 파워포인트가 있다면 구글에는 구글 프레젠테이션(docs.google. com/slides)이 있어요. 다른 구글 문서 도구와 마찬가지로 웹에서 무료로 사용할 수 있을 뿐만 아니라 파워포인트 파일도 불러올 수 있어서 활용 범위가 무척 넓죠. 구글 프레젠테이션은 이름 그대로 발표 자료를 만드는 데 무척 유용합니다.

[Embedded website]로 구글 프레젠테이션을 연결하면 발표 자료를 실시간으로 함께 볼 수 있어요.

비대면 수업을 하거나 발표를 해야 할 때나 자료를 여러 사람과 공유해야 할 때 구글 프레젠테이션을 활용해 보세요. 메일로 보낸 자료를 보면서 발표하는 것보다 직접 화면을 보여 주면서 발표하면 전달 효과가 훨씬 커질 거예요.

구글 설문지로 설문 조사하기

아마 한 번쯤 온라인 설문 조사에 참여해 본 경험이 있을 거예요. 특히 최근에는 오프라인보다 온라인 설문 조사를 활발하게 이용하는데요. 구글은 설문 조사를 좀 더 쉽게 할 수 있도록 구글 설문지(docs.google.com/forms)를 제공합니다.

구글 설문지는 응답자도 설문에 쉽게 응할 수 있고, 요청자도 응답 결과를 빠르게 정리할 수 있어서 설문에 대한 피로도가 훨씬 줄어들었어요. 구글 설문지와 게더타운을 연결하면 더욱 큰 효과가 있어요. 특히 설문 조사지가 여러 개일 때는 설문마다 오브젝트를 만들어 보세요. 어떤 설문을 해야 하는지 한눈에 볼 수 있답니다. 프롬프트 메시지를 활용해 오브젝트에 가까이 가는 것만으로도 어떤 설문인지 알 수 있게 하면 더욱 좋겠죠?

ⓘ 프롬프트 메시지에 대한 자세한 내용은 '3-2 상호작용 오브젝트와 친해지기'를 참고하세요.

[Embedded website]로 구글 설문지를 연결해 설문 게시판을 만들어 보세요.

ⓘ 구글 설문지 외 구글 드라이브에 저장해 둔 파일을 공유할 때도 마찬가지로 해당 파일 링크를 [Embedded website] 형태로 공유할 수 있습니다. 단, 링크를 그대로 복사하면 열리지 않는 오류가 발생할 수 있으니 복사한 주소에서 /view?usp=sharing 부분을 지우고 /preview로 주소를 바꿔 주세요.

02

패들렛으로 소통하기

웹 사이트와 연동하기 좋은 게더타운의 특성상 웹 기반 도구는 무척 유용합니다. 최근 비대면 수업이 활성화되면서 많은 학교와 기업이 패들렛 padlet 을 활발하게 사용하고 있어요. 구글 문서 도구가 협업으로 문서를 작성하는 데 도움이 된다면, 패들렛은 방명록, 일정 정리 등 여러 사람이 원활하게 소통을 하는 데 도움이 됩니다. 디자인도 깔끔해 보기에도 편리하죠.

그렇다면 게더타운에서는 패들렛을 어떻게 연동해야 하는지 직접 만들어 보면서 알아보겠습니다. 여기서는 내 공간에 방문한 사람들이 방문 소감을 자유롭게 남길 수 있는 방명록을 만들어 볼게요.

하면 된다! ⟩ 패들렛으로 방명록 만들기

01 패들렛 가입하기

웹 브라우저를 연 후 패들렛(padlet.com)에 접속하세요. 패들렛을 처음 이용한다면 회원 가입을 해야 합니다. 이미 구글 계정이 있다면 간단하게 가입한 후에 로그인할 수 있어요.

02 새 패들렛 만들기

로그인한 후 홈 화면의 오른쪽 위에 있는 [Padlet 만들기]를 클릭하세요. [담벼락],
[스트림], [그리드], [셀프] 등과 같은 다양한 패들렛 템플릿을 볼 수 있어요. 간단한
방명록을 만들어 볼까요? [담벼락]을 선택해 새로운 패들렛을 만들어 보세요.

ℹ️ 패들렛에서 템플릿을 이용해 만든 것을 '패들렛'이라고 합니다. 웹 사이트 이름과 똑같아요.

03 패들렛의 기본 환경 설정하기

패들렛이 만들어지면 제목, 설명이 자동으로 입력됩니다. 제목과 설명을 원하는 대로
변경하세요. 아이콘, 배경 화면, 글꼴 등도 원하는 대로 변경할 수 있어요. 그 아래에
있는 [주소]에는 이 패들렛으로 연결되는 고유 링크가 자동으로 생성돼 있어요. 이 주
소를 알고 있는 사람은 누구나 이 패들렛에 접속해 글을 읽거나 쓸 수 있어요.

ℹ️ 설정 창이 닫히면 제목을 2번 클릭해 보세요. 화면의 오른쪽에 설정 창이 열립니다.

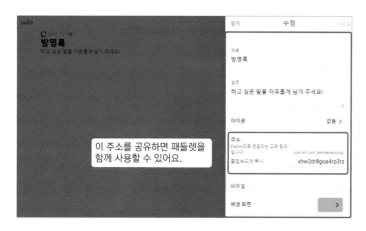

04 방명록 작성하기

새 글을 작성하려면 패들렛의 오른쪽 아래에 있는 [+] 아이콘을 클릭하거나 화면의 빈 곳을 2번 클릭하세요. 새 글 작성 창에서는 제목과 내용만 입력할 수도 있고, 사진, 영상, 링크 등을 첨부할 수도 있어요.

05 게더타운과 연동하기

이제 패들렛으로 만든 방명록을 게더타운과 연결해 보겠습니다. [Embedded website]에 붙여 넣을 주소를 복사합니다. 게더타운에서는 https로 시작하는 주소만 연결되므로 패들렛의 고유 링크가 아닌 웹 브라우저 주소 창의 주소를 복사하세요.

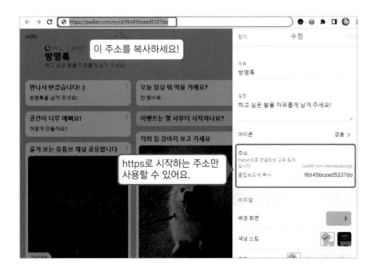

06 이제 게더타운으로 돌아가 볼까요? 새 오브젝트를 만드는 방법을 잊지 않았겠죠? 맵 메이커에서 [More Objects]를 누른 후 방명록이 될 오브젝트를 고르세요. 그런 다음 [Object Interaction → Embedded website → Website (URL)]에 복사해 둔 주소를 붙여 넣고 오브젝트를 원하는 곳에 배치하세요.

ⓘ 오브젝트에 대한 자세한 내용은 '3-1 기본 도구 손에 익히기'를 참고하세요.

07 오브젝트 확인하기

이제 공간으로 돌아가 오브젝트가 패들렛과 잘 연결됐는지 확인해 볼까요? 패들렛을 연결한 오브젝트를 활성화해 보세요. 이제 공간에서 패들렛을 열고 방명록을 작성할 수 있어요!

ⓘ 맵 메이커를 종료하기 전에 수정한 내용은 반드시 저장하세요.

패들렛에는 이 밖에도 북마크, 지도 등 다양한 패들렛 템플릿이 있어요. 내 공간에 어떻게 활용할 수 있을지, 어떤 오브젝트와 연동하면 효과적일지를 생각해 보세요.

패들렛에서 제공하는 다양한 템플릿을 활용해 보세요.

03

공간 꾸밀 때 유용한 외부 웹 사이트 활용하기

게더타운의 매력은 협업의 효율을 높이는 데도 있지만, 다채롭게 꾸미는 재미도 무시할 수 없죠! 공간을 꾸밀 땐 게더타운에서 제공하는 오브젝트로도 충분하지만, 외부웹 사이트를 활용하면 더욱 개성 있고 창의적인 공간을 만들 수 있어요. 이번에는 공간을 꾸밀 때 함께하면 활용하기 좋은 무료 웹 사이트를 알려드릴게요.

문을 열면 나타나는 3D 전시관, 아트스텝스

아트스텝스 artsteps.com는 나만의 3D 전시관을 만들 수 있는 웹 사이트입니다. 이곳에서 제공하는 전시 공간, 전시 케이스, 전시물 등을 이용해 공간을 꾸미면 실제로 전시관을 방문한 것처럼 입체적인 공간이 탄생하죠. 무료일 뿐 아니라 VR까지 지원합니다.

아트스텝스로 만든 공간을 게더타운과 연결하면 어떨까요? 건물을 배경이나 오브젝트로 만든 후 [Embedded website]로 만들어 둔 아트스텝스를 연결하면 마치 건물을 입장하는 순간 전시관에 입장한 것 같은 효과를 낼 수 있어요.

단, 아트스텝스에서 [공유]를 눌렀을 때 자동으로 생성되는 주소를 그대로 복사해 사용하면 게더타운이 인식하지 못하는 오류가 있습니다. 이 주소에는 다른 웹 사이트에서 열었을 때 나타나는 창의 크기를 지정하는 명령어가 포함돼 있기 때문이에요. 따라서 다음 사진처럼 웹 사이트 주소만 따로 복사한 후 [Embedded website]에 붙여넣어야 합니다. 필요한 주소만 구분하는 방법은 간단합니다. 게더타운은 https로 시작하는 주소만 인식한다는 것을 기억하세요!

아기자기한 마을이 눈깜짝할 사이에! 아이코그램

이번에 소개할 웹 사이트는 아이코그램(icograms.com)입니다. 마치 게더타운에서 제공하는 것처럼 아기자기하고 게임 같은 그래픽 소스를 무료로 제공해요. 코카콜라와 같은 기업부터 학교, 행사장에 이르기까지 많은 곳에서 아이코그램의 소스를 사용하고 있어요.

사용 방법도 무척 간단합니다. 아이코그램에서 게임을 하듯이 건물과 길, 나무 등을 배치한 후 템플릿으로 내려받으면 됩니다. 이 템플릿을 게더타운으로 불러오면 공간 하나를 쉽게 완성할 수 있죠.

ⓘ 템플릿을 활용한 공간 꾸미기는 '6. 입체감을 살린 2.5D 공간 만들기'를 참고하세요.

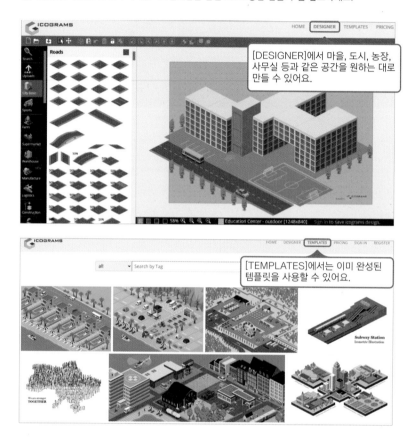

아이콘, 스티커를 내 맘대로! 플래티콘

플래티콘(flaticon.com)은 방대한 양의 아이콘과 스티커를 PNG, SVG 형식으로 제공하는 웹 사이트예요. 기호를 표현하는 단순한 아이콘이나 픽토그램으로 표지판을 만들 수도 있고, 꽃 스티커로 오브젝트를 만들어 길에 핀 꽃을 표현할 수도 있죠.

플래티콘의 가장 큰 장점은 배경이 없는 PNG 파일을 크기별로 제공한다는 것입니다. 배경을 지운 후 크기를 일일이 조정하는 수고로움도 덜고, 예쁜 오브젝트를 간단하고 쉽게 만들 수 있으니 마음껏 활용해 보세요.

게임 속 그래픽을 고스란히 담는 법, 오픈 게임 아트

마지막으로 소개할 웹 사이트는 오픈 게임 아트(opengameart.org)예요. 오픈 게임
아트는 실제 발매한 게임에 사용했던 이미지를 제공하는 웹 사이트예요. 게임 속 캐
릭터는 물론이고 배경, 가구, 건물 등을 고스란히 사용할 수 있어서 무척 유용합니다.
특히 고전 게임에 사용한 그래픽은 게더타운과 잘 어울린다는 장점이 있어요.

게더타운의 기존 오브젝트로는 한계가 있었다면 새로운 시도를 해볼 수 있어요. 단,
일부 이미지는 저작권이 있으므로 검색할 때 저작권 무료인 CC0로 검색하고, 이미지
를 내려받을 때는 저작권을 한번 더 확인하세요.

이미지를 내려받기 전에
반드시 저작권을 확인하세요.

찾아보기

디자이너, 마케터, 콘텐츠 제작자라면 꼭 봐야 할 입문서!
각 분야 전문가의 노하우를 담았다

함께 보면
좋은 책!

된다!
포토샵&일러스트레이터
— 오늘 바로 되는 입문서

유튜브 섬네일부터 스티커 제작까지!
기초부터 중급까지 실무 예제 총망라!

박길현, 이현화 지음 | 504쪽 | 22,000원

된다!
일러스트레이터
— 오늘 바로 되는 입문서

배너 디자인부터 캐릭터 드로잉까지
기본부터 하나하나 실습하며 배운다!

모나미, 김정아 지음 | 344쪽 | 18,000원